懷師之師

袁公煥仙先生誕辰百卅週年紀念

劉雨虹 編輯

南懷瑾文化

出版說明

知道南師懷瑾先生的讀者，大概也都會知道袁公煥仙夫子的大名，他是接引南師入禪宗的大師，說起來已是八十多年前的往事了。

南師當年（一九四二年壬午），在袁公主持的靈岩七會中，「亦小小有個入處」，這句話是袁公對虛雲法師說的。數月後，南師即逕赴峨嵋山，有閉關三年之舉。

三年後時事巨變，南師於一九四七年由四川返浙江故里，再年餘轉赴台灣。關山海峽阻隔，直到四十年後的一九八五年，南師離台赴美，始得連繫留川的維摩精舍諸友好，而袁公煥仙夫子，已作古二十載矣。

袁公煥仙夫子自靈岩七會後，率同好創立維摩精舍，在居士文化界，發揚並宏化禪法。當時佛教界的大德們，雖對其不表贊同，且有負面之評者，但袁公倡導結合中國儒道兩家學術，深化禪法之精粹超越，演進發揚，致後之國外文化界，咸認禪為中國之文化，此種說法，應屬中肯之見。

脫掉宗教外衣的禪宗，居士們影響智識分子甚巨，禪宗所謂定慧之學，於智識階層受到歡迎，並流傳國外。近年來，由於學禪之美國蘋果公司的喬布斯，才智表現非凡，致使智識分子中，學習禪法定慧之學者日眾。有人說，居士禪，不離佛法，而無宗教之局限，又匯同傳統文化，似乎成為人類真正想追求的解脫。

不久前，宗性大和尚談及，今年九月為袁公一百卅歲冥誕，擬徵集紀念文章出版。惟因時間倉促，現僅得少數幾篇，不知如何可成一冊。聽到大和尚所說，大家不免想到七八年前，南師為袁公修建靈骨塔之事，曾與宗性大和尚書信往來頻頻，商議諸事，皆有詳細記錄。另有二十多年前有關書信，也一併檢出，編入此冊，雖非洋洋大觀，但已可略窺全貌了。

書名《懷師之師》為牟煉之創意，此冊能如期出版，更要感謝她的辛勞努力。

又，各篇小標題為編者所加。

劉雨虹 記

二〇一七年 夏月

目錄

袁公煥仙靈塔的修造

馬宏達

編按：作者曾任南師在太湖大學堂祕書，現任南懷瑾學術研究會祕書長

前言

昔遵先師南公懷瑾先生囑，隨侍同時記錄要事。曾於二〇一一年八月二十日，完成〈「維摩精舍先師袁公煥仙之靈塔」修造記〉。二〇一七年，時逢袁公煥仙先生誕辰百卅週年紀念，特將此一段史料公諸於世。維摩精舍、東西精華協會、十方叢林書院、太湖大學堂，皆先德因應時勢繼絕興亡文化大業所暫時一用之方便，幸勿作門戶山頭解。

二〇〇八年十月一日，朱清時院士（時任中國科技大學校長）與成都文殊院住持宗性大和尚來到太湖大學堂，拜訪南師懷瑾先生。席間，懷師談起抗戰於成都任教中央軍校期間，與毗鄰文殊院友朋過往舊事，輔助袁公煥仙夫子於成都三義廟創辦維摩精舍之過程，以及傳西老法師、印華老法師等等因緣，並深為袁公煥仙夫子靈骨陸沉抱憾！

尋訪煥公靈骨事

二〇〇九年二月，宗性大和尚來函，一則告知經多方尋訪所知印華老法師晚年狀況；一則建議再尋訪袁公煥仙夫子靈骨，建墓紀念，如云：

……另向您老提一建議，關於袁老夫子墓地事宜。袁老夫子在佛學上的造詣和禪學修為，在四川佛教史上是應記下一筆的。現袁老夫子的靈骨棲隱（潼南）玉溪，愚見以為，當修葺墓地，樹立墓碑，立墓誌銘，以供後世憑弔。雖然第一義諦一法不立，但世俗諦中亦不曾廢一法。況歷經劫難，老夫子墓宅尚存，或許是一大因緣和公案；既是一種尊重，更是大道源遠流長的表徵。此事我已向張穀君提議過，再向您老建議，請裁定。當然，以老夫子的修為和您老的見地，簡潔大方可能較適宜。以上建議，權作對老夫子的心儀。……

懷師當即回函：

……法師來函，提示吾師煥公遺蛻，尚在潼南玉溪，應須建紀念塔一事，忽而使我如見當時同參同學中，有一故友之感。但此事，惟再請法師代覓一潼南當地善信，能發心對此任勞任怨者為之，如是玉溪鎮或潼南本地之出家人或善信居士更好。所有經費，統歸我負擔。中間聯繫地方當局等事，則請法師將我此信影印交張穀局長，彼可利用此時此地之當局，方便偏勞照顧。如此，等於是你、我、張穀三人共同完成此一功德。不知尊意如何？乞示知。……

（按：張穀，袁淑平之子，袁公煥仙外孫，時任四川省旅遊局長。）

煥公靈骨安置問題

此後，宗性大和尚於鄉梓潼南多方尋訪，輾轉於二位耄耋老人處，得知煥公靈骨大致所在。其後，宗性大和尚與張穀先生，最終於無樹無封之農田中，發掘出煥公靈骨罎。

二〇〇九年四月十八日宗性大和尚來函云：

南翁懷瑾夫子明鑒：

前承函示，囑不慧同張穀先生一併經理煥老靈骨事宜，您老有託，心生歡喜。後與張穀先生相商，決定遷回。遂託邑中友人相助，雖有波折，但總算如願，個中多有異驗，想張穀先生已告知。從潼南遷回後，暫奉安於本寺極樂堂內。知鹽亭方面曾有動議，鳳靈寺住持正祥法師亦有心此事，遂與之聯繫。鹽亭方面很快回應，並由縣委辦及正祥法師來敝寺詢商。不慧當面表達了不一定奉祀鹽亭之意。如果鹽亭方面真有誠意，自可考慮，同時更未向其透露您老有經費之允，竊以為免生事端。鹽亭方面後告知，縣委開常委會研究此事，並責成分管常委辦理。然不知何故，至今無動靜。

近期不慧瑣務纏身，亦有無錫台北一遊。從台北返蓉後，張穀先生深夜到訪，謂您老明示，不必安奉鹽亭，可藏於寺中。然文殊院自開山以來，歷代諸祖靈塔皆未安於寺中，悉奉於下院，惜動亂中盡毀，常為心頭之痛！不慧亦曾多方尋覓，終無結果。後訪及道悟老和尚，寂於漢口，靈骸尚泊於江西，遂聯絡諸方，請回奉安於德陽本籍，心稍釋懷！是以您老之囑，愧難為之。後憶及在昭覺時，清定上人受緯國先生之託，戴公傳賢老靈骨奉藏於林間，遂同張穀先生商議，可奉安煥老於斯，並已向住持演法和尚及民宗局提及。演法和尚亦有允諾，惟戒期進行中，不便行事。近日張穀先生有告，謂您老有奉安煥老於靈岩之意，竊以為甚上。靈岩於維摩精舍意義非凡。以煥公及您老的修為，自不落俗情。但維摩精舍精神當薪火相傳。雖維摩精舍精神俱載叢書，但凝聚力尚假外相。誠然，大學堂旗堪稱標，愚見以為，孤月獨耀外，更需繁星萬點，燦爛星空，豈不更美。再者，遙想上世紀上半葉，蜀中諸老，僧俗兩界，何期盛況。時至今日，已不可同日而語了。不惟僧俗凋零，俗界亦渙散矣。每念及此，惶恐惆悵俱生，愧無力為計焉。維摩精舍精神若能以不同形式再現於世，昔日諸公有知，亦現世欲究大道者之幸！不慧總是杞人憂天，留笑柄於您老耳。……

懷師四月二十一日回信云：

……維摩精舍之創立因由，統在《維摩精舍叢書》〈中庸勝唱〉最後，由同門徐劍秋及我之序說中。出書公之於世，已過五六十年。如後人妄加添枝附葉，多為笑話。

維摩精舍創立，最為扶持得力者，乃潼南傅真吾先生，其人與我亦忘年至交。可查見目前蜀中出版之傅先生詩集便知。

維摩精舍之友及同學等，亦皆見證於叢書所列名字。而今看來，最後尚在人間者，唯我一人而已。故我對煥師遺骨安置，實亦義不容辭，義所當為。

況煥師家屬尚在者，唯有世妹袁淑平一人，其嗣子張轂，對外公先世之事，以年歲間隔，自然所知太少，故亦不應加其負擔。

潼南玉溪口，本非煥師故鄉，當年我曾隨師去過住過。鹽亭乃煥師故土，今既由當地政府出面，迎請煥師遺骨回鄉本土，且建設紀念館。經再三思惟，應為勝事。如此，則於公於私，兩皆相宜。故應如其所願為是。如需我力之所及，可以幫忙，當亦義不容辭。唯恐我年老體衰道遠，或事所不能也。萬一鹽亭方面有異議，善後之策，我則贊同法師你的高見，安置在昭覺寺，照戴季陶先生故事，最為適當。……

靈塔設計

四月三十日宗性大和尚來函云：

……關於煥老遺靈事宜，按您老示下照辦，不日聯絡鹽亭，待昭覺戒期結束，親赴鹽亭選址。選址一事，不知您老處有合適人選否，可派員來一同前往……

次日，宗性大和尚與鹽亭聯絡，鹽亭即催促儘快到鹽亭選址。宗性大和尚推測鹽亭選址可能有二：一、鹽亭鳳靈寺附近；二、單獨另劃區域。遂即函詢懷師意見。

五月二日，懷師覆函云：

昨天偶然機會，得見二〇〇九年四月廿七日四川「鹽亭縣委議事紀要」，要修建先師袁公煥仙墓作觀光發展工作。閱後啼笑皆非。真的覺得不倫不類，殊欠文化水平。

鹽亭文化上古史料，有嫘祖及岐伯。唐代有趙蕤（徵君）乃李白之師，著有《長短經》，足為天下法。宋代有名畫家文與可著有《丹淵集》。民國抗戰時期，因觀音大士顯聖，驅走日本敵機轟炸，建有鳳靈寺，此皆文化古跡。

袁師自壯歲離開鹽亭，畢生謀國弘法，極少回故里。「維摩精舍」亦創辦於成都，一切經過，可讀《維摩精舍叢書》即知。

今經成都文殊院方丈宗性法師，為崇敬二十世紀中禪宗先德，接受我之委託，親赴潼南玉溪口，迎啟煥師靈骨回成都，擬覓相關之地建立靈骨紀念塔，不但為西蜀禪門增光，並為廿世紀中國禪宗樹立標誌。此事始終，當以佛門為主，世俗無識，不知所以。

……

今照各種因緣（情況）看來，似乎安置在昭覺寺林園較為合適，但不知最後確定之因緣如何。

至於一般與過去現在無關之爭議，皆屬無事生非，見機起鬨之舉，似乎太過了吧！維摩精舍初創老少諸公，皆已過世，如今尚餘我一人還在，但我已年過九十有二，來日不可知，望完成此事，亦可了一心願以報先師之德也。

懷師年邁，久不寫字，但為尊師重道故，決意親自撰題煥公靈塔所有文字。

八月二日，宗性大和尚來函云：

……前承您老厚信，囑託籌建袁公靈骨塔事宜，遲遲未就，讓您老掛懷，不力之罪，自愧自愧。先同鹽亭方面多次商談，皆因意見相左而不能如期。後知鹽亭方面確有誠意，又繼續接洽。我與張穀局長意謂袁公傳之後世者，佛門宗乘，身後事宜當簡約為妥，以免世人誤解佛弟子形象。近與鹽亭方面取得一致意見，已選定地址於鳳靈寺山前，並將相關未盡事宜彙報如下，請您老過目裁定。一、茲奉上靈塔設計圖樣、效果圖及預算表各一份……二、能否請您老題寫塔額及撰一份塔銘……

又，前赴潼南回遷袁公靈骨時，多有因緣，料朱校長及張局長已面告您老。另有一事附筆呈奉。回潼辦理事宜，寺內諸師並不知情。回來當晚，寺內一青年比丘宗華師，夢見寺內年青僧人皆在餐廳服務，侍奉賓客，寺中樹林內走出送葬隊伍，有數人手捧牌位隨行。據宗華師事後告，見有袁公及章嘉活佛牌位。他不知二公名諱，甚奇之際，夢醒……

袁公靈骨回遷時，曾於當日說有一偈：

無來無去法界遊　雲水生涯牧白牛
歸來拈出南泉句　春光遍野滿枝頭

不堪入目，用博笑耳！……

八月七日晚上，懷師吩咐我致電宗性大和尚，告知：

來信收到，非常感謝！靈塔設計方案這幾天就會有結論。請即告知帳戶，將一次性匯入五十萬元，專用作靈塔經費。

八月十日下午，宗性大和尚告知鳳靈寺帳戶。我回覆宗性大和尚：懷師完全信任您，請告知您個人帳戶，五十萬元一次性匯入您個人帳戶，全部款項由您控制支配。宗性大和尚當晚告知其個人帳戶，並說謝謝懷師信任，工程完成後，會報來清單。

八月十一日，懷師拿出版稅五十萬元人民幣，吩咐老古文化事業公司總經理郭姮妟小姐匯入宗性大和尚帳戶。

後來，袁淑平老師出資兩萬，張穀出資兩萬，曹永貴（袁淑平同父異母姊袁清平之子）出資兩千元，以表心意。

南師敬酒登琨艷

同時，懷師看過宗性大和尚來函所附靈塔設計圖，又請登琨艷先生（國際著名建築師，當時正依懷師習禪）找到諸多佛門靈塔資料，最後確定靈塔樣式，請琨艷先生做了靈塔模型。

八月十四日午後，登琨艷先生受懷師委託，飛抵成都與宗性大和尚會面，鹽亭鳳靈寺方丈正祥法師由鹽亭趕來，會商靈塔建設事宜。下午，琨艷到德陽勘選靈塔建築石料，當晚趕到鹽亭。次日上午勘察靈塔選址，勘察地形後，確定在鳳靈寺右邊，當地所謂鳳凰頭右側平地。當日下午趕回成都，與從寧夏返蓉的張穀先生，會談靈塔建造事宜。

八月十六日晚上，登琨艷趕到太湖大學堂彙報。晚餐時，懷師站起來，親自敬登琨艷一杯酒，懷師說：「我本應親自前往，但因年邁，身體欠佳，只好拜託你辛苦走一趟，非常感謝！」然後，吩咐我知會宗性大和尚，靈塔工程可立即開始，一切拜託！宗性大和尚答覆，基礎工作已經開始，等登琨艷先生設計圖紙和施工圖紙即可動工，陽曆年以前當可完成。

朱清時校長與宗性法師

當晚，朱清時校長亦在座。此事伊始，由朱清時校長介紹宗性大和尚來訪，引出此段因緣。宗性大和尚迎請煥公靈骨抵文殊院次日，朱清時校長恰來文殊院訪宗性大和尚，遂禮拜煥公靈骨。朱校長當初結識宗性大和尚，乃因拜訪懷師後，看望成都袁淑平老師（煥公之女，張穀之母）時，淑平老師講起煥公有部分文稿當在文殊院，朱校長遂往文殊院查訪，因而結識宗性方丈，其後引薦其拜訪懷師。

煥公靈骨，昔年因時勢與人事無常，幾近隱沒。所謂萬法緣起性空，無主無常，無所從來，亦無所去。然真空妙有，同出異名，真俗二諦，不相妨礙。古來大德先賢不著痕跡，自願隱沒者多矣；而以文章或靈骨提撕後人勤學精進者亦所在多有。以人道而言，懷師素以先師靈骨查無蹤跡，未全尊師之道為憾！而終由朱清時校長與宗性大和尚等因緣，使煥公靈骨重現於世，策勵後人，豈非人天相感、人能弘道乎！宗性大和尚於斯事，功不可沒。懷師致宗性大和尚函曰：

……法師真信人也。在儒而言，有受人之託，忠人之事之德，在菩薩行而言，則為言行利他之道也。……法師青年有為有守，能盡心為人，誠為此時此世不可多得之勝範。

煥公靈骨還鄉

二〇〇九年十月二十八日，煥公靈骨移葬鹽亭靈塔地宮，張穀攜妻韓寧平代表煥公家人參加，南國熙、何碧默、馬宏達、烏慈親、登琨艷代表懷師參加，宗性大和尚主持儀式，鹽亭鳳靈寺正祥方丈率僧眾二十餘名及當地居士數十名參加，鹽亭縣委書記胡安虎及政協領導等參加。

我等一行人從成都出行，一路大霧，剛剛進入鹽亭界內，彤雲密佈中忽現一道強烈陽光，狀如蒼天一隻眼。其後，行車上山到鳳靈寺，儀式開始時，陽光越來越清晰，乃至雲開日如鏡。

儀式開始，僧眾與我們誦經時，我突覺有無形之力灌頂，隨後熱流由尾閭沿督脈上行於頭頂消失。儀式後得知，何碧默、登琨艷、韓寧平、烏慈親等各有感應，通身暖流。

儀式上，張穀先生代表母親袁淑平等家人致辭曰：

爺爺：

母親袁淑平年老多病，行動不便，特派我——您外孫張穀、孫媳韓寧平率遠在重洋的重孫張沛之，護送您的靈骨回原籍鹽亭，遷葬於鹽亭鳳靈寺內。

承蒙成都文殊院方丈宗性大和尚發心主持遷葬事宜；

承蒙您的得意門人南師懷瑾乾爹統籌設計、出鉅資建造靈塔，並派兒子南國熙、兒媳何碧默及門人馬宏達、烏慈親、登琨艷專赴憑弔；

承蒙鹽亭縣各級領導關心體恤、鼎力支持遷葬；

承蒙鹽亭鳳靈寺正祥師及寺院同修慈悲操辦；

承蒙您的門人鄧嶽高之長子鄧又新、次子鄧覺新和有關親朋好友及鹽亭的父老鄉親的關心和參與。

我謹代表我們全家，向諸君致以由衷感謝！並銘恩在心！

爺爺！愿您在天之靈護佑子孫後代，護佑天下眾生！

爺爺！愿您乘愿早來！

隨後，南國熙、何碧默、馬宏達、登琨艷、烏慈親同頌懷師所作頌辭曰：

叩告先師袁公煥仙先生法鑑：

法乳深恩　未報萬一

造此靈塔　永式古今

蜀道艱辛　衰暮難行

特遣子弟　叩拜法身

歲次己丑晚秋九月（二〇〇九年）不肖弟子南懷瑾 時年九十二 特遣子國熙 子媳何碧默及門人馬宏達 烏慈親 建築師登琨艷等叩拜

宗性大和尚致法語曰：

精舍榴窗分外晴 靈岩昨夜雨紛紛
淡白深紅黃葉墜 眉語酬答接後昆

恭維袁公煥仙先生，昔遊法海，徹悟真空。眼明手快，語出心宗。此緣雖盡，勝因隆豐。嗣裔並門下弟子等，尋真骨用酬深恩，建靈塔而彰師道。巍巍乎仰止彌高，浩浩乎源遠流長。即今靈骨奉安一句，又如何舉揚？

拈出夫子一指禪
雙林華白已無言

此後，張穀、南國熙手捧煥公靈骨罈放入靈塔地宮並封蓋。建造中的靈塔，將安放於地宮之上。

鄧嶽高先生之子鄧覺新兄弟、伍心言先生之孫伍丕慶也參加了儀式。

近午，儀式圓滿完成。

此後，宗性大和尚於教務繁忙之際（二〇一〇年兼任中國佛學院副院長、教務長），仍分神督建靈塔，誠敬其事，應對得體，始終如一。

懷師萬萬分的感謝

辛卯年（西元二〇一一年）中元節、盂蘭盆節，靈塔工程圓滿完成。懷師當即致函宗性大和尚：

宗性方丈大法師道席：

昨夜張穀跟我通了電話，報告了煥師靈塔已經修建完成。剛剛也收到你的來信與工程結算文件。這一切都是大法師你所完成的大功德。我除了向你頂禮叩拜以外，也無話可以表達內心的情感，實在萬分感謝！

我也隨時在想念你，很想跟你談談。可是，彼此事情忙，因緣梗隔。加上我年老目花，本來答應你要寫的傳西法師與田肇圃師兄弟等故事，到現在還沒動手。很抱歉！

關於煥師靈塔這件事，深深感謝朱清時校長介紹你大法師與我相識，承蒙你一口承擔，挑起這個重擔。勉得煥師靈骨所在，真是一大勝緣。你是玉溪口人，又是發心出家的大法師，等等因緣，才能找到煥師的靈骨。在這件事上，我有很多的感慨與感應，一時說不清楚。總之，也是煥師一生弘法修德，與法師你有夙緣的關係，才能夠得以完成。我是萬萬分感謝你的！

你這一次寄來款項結算清單，我都看了。張穀也告訴我了，我也明白，其中有些你及他人私下的墊款，你都沒有報來。據我一生處理工程事務的經驗，應該總數超過六十多萬。因此，明後天，我照你銀行原來的戶頭，補上二十萬。你千萬不要跟我客氣。收到以後，把墊款的支付掉。萬一有零碎剩餘，你隨緣做自由處理。千萬不要客氣，不要退回。至於地方政府相關花費，那是他們應該做的功德。

等我精神稍好一些，另外再跟你通信談別的事情。
聽張穀說，近來你身體違和，希望善加保重！專此　即頌
道安
辛卯年中元節（西曆二零一一年八月十四日）
白衣：南懷瑾　頂禮百拜口述（馬宏達代筆附拜）

懷師致謝，宗性大和尚謙辭不受。
懷師吩咐郭姮晏即匯懷師版稅二十萬元人民幣給宗性大和尚，并囑我知會宗性大和尚。宗性大和尚堅辭不受，然終辭謝不果，只好收下，旋將該款分作兩份，一者用於靈塔日後維護，一者捐助貧困大學生學業。

附：「維摩精舍先師袁公煥仙之靈塔」照片見書末。

袁太老師的碑文

登琨艷

編按：本文作者為台灣著名建築設計師，享譽國際，二〇一一年遵南師囑，設計廟港老太廟文化廣場，造型古典而優雅。現正為自己修建的時習堂，占地約六畝，設計獨特而超越，定於明年三月南師百歲冥誕時開放啟用。

今逢太老師（袁公煥仙）一百三十歲冥誕，地方人士集結追思文章，交由劉雨虹老師編輯，並囑咐我也述寫一篇作為添加，說是因為我曾經參與太老師靈塔的設計。

鹽亭來的鐵工

就在前往劉老師寓所的前一天下午，「時習堂」公共空間最高建築的最後一架人字鋼樑吊焊完成後，東邊天空又出現如同之前吊焊第一架鋼樑時出現的雙彩虹景象。曾經從事建築設計工作的我，算是比一般人好相與敏感，遂拿起相機拍下這一上樑前後重複出現的異常天象，待它日整座「時習堂」建築完成，如有需要編輯出版，也好作為選擇素材。

因為自己監管工程施工作業，必須與工人來往溝通，所以對於所有工人的姓氏或小名都記得；操著四川話的三個鐵工師傅剛到的那天，我就請問他們是四川哪裡來的，小董回答說是綿陽來的，我再問說綿陽哪裡，他說鹽亭，並說小李和老王也是；我驚奇的告訴他們說我的太老師就是鹽亭人，我曾經協助我的老師去鹽亭修建我太老師的靈骨塔。我話都沒講完，小董就說：「我知道，在鳳凰山，我們就是那裡的人。」

他們幾度問過我蓋「時習堂」這麼大個院子做甚麼，我都說不清楚。

靈塔與身塔

此種經幢形式的靈塔，是（南）老師囑我查找中國歷代建造之佛塔與祖師塔的圖片，老師親自從中選出的，我只是依樣完成模型製作與設計施工圖。我知道自己沒有能力，所以不敢也不宜決定太老師的塔級。老師祕書宏達兄也提供其中的蓮花圖樣，可惜後來施工完成的型態卻有所改變了。今次秉劉老師囑咐作此追思拙文之際，特加說明。

靈塔設計完成即將付諸施工的一天晚上，（南）老師要我把足寸印出的大幅碑文貼在餐廳他座位背後的牆上讓他看，貼完後，我站在有我名字的最後條幅前面不動，老師說：「你走開，別擋著。」我永遠記得那場面。不知道那天的晚課是否有錄音，如果要弄清楚老師是在說甚麼法，也只有等待那天錄音檔案的公開了。只是老師影音到處被公開的今天，不曉得那天的晚課哪天會被流傳出來；不過我確定也只有太老師後人的張穀先生有興趣了，而我是會永遠記得的，一如一直記得自己從學老師的一切，是洗不掉了。也許有一天我會把這篇也算是自己的修學報告，上傳到我的修塔網站，（因為我想）前往尼泊爾修復藍莫塔是我回大學堂學習的因緣。我和「時習堂」的同學們一起在學習的，也是如何修正自己的身塔，因為太老師靈塔已深深的烙印在我生命裡。

鹽亭之旅　參訪靈塔

四月中下旬春修結束後，有兩位同學藉機長途開車一路旅遊返京，途經鹽亭參訪太老師的靈塔，其中一位寫了一篇遊記作為心得傳來給我；經她同意茲截載如下：

靈骨塔所在的鳳靈寺就坐落在鹽亭縣中心的山上，寺廟正在擴建，到處都是工地，遊客也不多。拾級而上到了極樂廣場，視野豁然開朗，廣場入口處赫然矗立着袁太老師靈骨塔，與廣場另一端的阿彌陀佛四面金身立像遙遙相對。靈塔為六角形，建在六角形大平臺上，並以蓮花護欄相圍。塔身正面護欄處有一入口，正中一個祭壇，以鮮花和香爐供養靈塔。靈塔由蓮花塔座、六面塔身、三級塔檐和壽桃型寶頂組成，灰色主體框架飾以白色漢白玉塔面，灰白相間，簡約素樸，莊重凝練，相較於傳統古塔，靈塔造型現代雋永。塔的正面是袁太老師的雕像，背面是「維摩精舍先師袁公煥仙之靈塔」，左側面為南老師親筆贊辭，右側面為「先師煥公示眾警句」，另外兩側面分別是南老師和袁太老師後人的碑記，以及靈塔建設者、迴護者和建築師名單，（登）先生的名字赫然在列。經年風吹日矖，很多文字上的金字已經斑駁脫落了，而唯有題有先生名字的那一列金字卻毫無脫落，完好如新，同一面的其他兩列金字也有剝落。拍照留存。先生曾經講過，南老師一直牽掛為袁太老師建塔之事，委託友人尋找到袁太老師靈骨之後，囑咐先生設計靈塔，並親自審定靈塔設計方案、撰寫每一面的文字題詞，並在太湖大學堂和大家公開展示。南老師對於恩師的深情跨越時空，歷久彌新。不由得想到每次修習營無論走到哪裡，先生都會準備兩個蒲團，對着上首的蒲團恭敬合掌敬禮，自己則居於下首，宛若南老師就在身邊。南老師建造靈塔的這些安排一定都有深意，不是我們這些尋常人可以思議。心懷敬慕，恭恭敬敬繞塔三周，合掌禮敬，心裡一片肅然安靜。祈願袁太老師和南老師光明常駐！

二〇一七年七月十一日

維摩精舍以佛為主融通三教

吳華

編按：作者為宗教學博士，華東師範大學社會學博士後

對於佛法的弘揚，向以僧寶為重，然居士護法衛教之功未可忽視。民國時期，由於政治社會動盪，體制內的僧團自救不暇，難以顧及社會各層面的學佛需求，成都維摩精舍應世而出，開創了以居士為主締結社團融通三教弘揚禪法的歷史。對維摩精舍的認識，目前主要停留在「中國居士禪學」的旗幟上，以及因南懷瑾先生而掀起的「國學熱」的仰慕追溯中，其他許多方面則尚未具體展開，有待進行更為深廣的研究。

民國時期，太虛對於《維摩精舍叢書》未予首肯，並曾引起所謂

函討。然此並未影響其傳承，反倒使其奮發向前。時至今日，維摩精舍在四川成都地區以及由南懷瑾等人所引發的傳統文化熱之中，已使其聲名遠揚，為人津津樂道。在樂道仰慕的背後，今人是否真正瞭解維摩精舍創立的過程？經過幾十年的歷史時光，維摩精舍背後的人與事，到底是伴隨老一輩的故去而埋於青山故土之中，還是在相關人士的努力下作出正面的回應？教界、學界應該如何認識維摩精舍，並作出客觀、平實、公正的評價呢？

蜀道居士曾尋找到維摩精舍的籌辦檔案，並對其進行了一定程度的解讀。惜其所據檔案不全，未能真正揭示維摩精舍成立的前後經過，沒有展示在特定時期創立精舍籌備人員的艱辛努力。有鑑於此，筆者不才，通過搜尋查閱四川省檔案館與成都市檔案館的相關材料，檢索各類文獻，結合民國期刊等途徑，終於梳理出較為全面的成立過程，希望對於今人瞭解維摩精舍的背景有所助益。

維摩精舍申請籌備

一九四三年五月二十四日，由傅真吾等人報成都市政府「呈為發起組織維摩精舍請准籌備由」，其文如下：

呈為促進文化，昌明佛學，發起組織維摩精舍，請准籌備，以重國本事。竊以佛學為東方重要文化之一，而聲教所被，尤以吾國民族精神受其陶育者至深。抗戰建國，百年大計，欲樹立復興不拔之基，惟在恢宏固有文化之優點，使全民於國家發生自愛自信之熱力。是則應提倡者非一，而佛學固不容忽視者也。溯自東西溝通，學術競流，佛學團體非無興起，然或泥於舊，或務於新，或偏於個人修養，或馳於玄虛理論，求其本末兼備，條理始終，真能發揮佛學之長而有益於民族精神建設者，則尚未之聞。

同人等有慨於此，因發起組織維摩精舍，期兼取新舊之長，並收知行之效。在研究方面：（一）比較中、梵、藏、巴利各系經典，以明其同異；（二）由史地的觀點考察佛學之發展，以明與各民族興替之關係；（三）與各種宗教及哲學參伍比較，以明佛學之真值。在實踐方面：（一）凡會員均須戒行清淨；（二）須切實體驗使身心進於康樂；（三）積極的服務社會事業，事關佛學前途，實即培養國本。伏祈准予籌備，無任翹企，待命之至，謹呈成都市政府。

該文詳附發起人三十位，分別為傅真吾、朱叔癡、曾子玉、潘昌猷（傅真吾代）、蕭德明、袁煥仙、劉光烈、但懋辛、李蘊鼎（袁煥仙代）、陳潛溪、黃金鼇（曾子玉代）、印維精、謝子厚（袁煥仙代）、釋昌圓、王子騫、釋傳西（南懷瑾代）、李伯勤（廖允中代）、陳健民（傅真吾代）、傅不承、曾仲謀、賈題韜、李子方、廖允中、吳石鈞（李子方代）、許止煩（廖允中代）、曾崧生、釋通寬（廖允中代）、楊鷺溪（袁煥仙代）、南懷瑾、袁王湘君。後附發起人姓名籍貫表。

在該表中，還附有維摩精舍通信處：「古中市（當時成都的一條街，筆者注）山西會館賈題韜轉」。

成都市政府收函後，於一九四三年六月九日封發，批示「仰候派員視察後再奪，此批。附件存。中華民國三十二年六月，市長余。」從這裡可以看到，余市長對維摩精舍之成立並沒有立即批示，而是認為需要派遣工作人員進行視察後才能定奪。而在該檔案中，有一擬辦項，該處則寫有「查該社發起人等多非本市市民，其設立目的亦不僅屬地方範圍，仰即逕向四川省政府呈請」。在這裡直接將維摩精舍推向了省府申報之路。維摩精舍能否在四川省政府合法備案呢？

維摩精舍的人員

從筆者目前所見檔案來看，時隔將近一年半之後，成都市政府將維摩精舍的成立情況呈報四川省政府社會處。其函為社一字第三〇八二號，其文為：「查成都市維摩精舍暨西充縣旅蓉同鄉會，業經依法先後組織成立在案。茲據組織指導員分別呈報指導人民團體組織總報告表前來，經核，尚無不合。除提存外，理合備文連同指導人民團體組織總報告表二份共四張呈送鈞府監核存轉，實為公便！」也就是說成都市政府已派員視察，認為合法。工作人員詳細填寫了「指導人民團體組織總報告表」（以下簡稱「總報告表」），提請省府監核。

在「總報告表」中，籌備員有傅真吾、黃肅方、釋昌圓、袁煥仙、賈題韜、潘昌猷、謝子厚、劉亞修、蕭德明。職員分別為理事長傅真吾（國民代表大會代表），常務理事袁煥仙（國民代表大會代表）與賈題韜（二戰區司令部祕書），理事分別有徐劍秋（二十九集團軍祕書）、李緒恢（成都市政府民政科長）、楊戒迷（曾任師長）、呂寒潭（成都市政府社會科長）、范仲純（省會警察專員）、蕭靜軒（曾任財政廳長），候補理事有伍心言（中學校長）、甘典夔（曾任民政廳長）、釋傳西（靈岩寺方丈），常務監事有潘昌猷（民國參政員），監事有釋昌圓（省佛教會會長）、謝子厚（綏署顧問行政院參議），候補監事為許衡生（內井警備部北江稽查處長）。

維摩精舍的宗旨

蜀道居士的〈成都維摩精舍籌辦檔案的發現與疑情〉主要依據的就是這份總報告表，他認為維摩精舍的宗旨是以大乘研修為門徑，既弘揚大乘救世精神，又注重對中國固有文化的弘揚，體現了精舍發起人的學識精微、志趣高遠。該文還大致介紹了傅真吾、袁煥仙、賈題韜與潘昌猷等人的生平背景。維摩精舍當時暫設於成都市三義廟，計劃述要：（一）闡發經義，刊刻講稿；（二）砥礪學行，嚴飭戒律，期為社會擔負重大責任；（三）齊一意志，端正思想，發揚民族精神，增加抗建力量。成立發起人有三十位，會員有七十三人，其中男六十七人，女六人。組織指導員兼監選人為楊懋崙，重要指導事項分別為：第一節指導組織籌備會；第二節指導草擬章程；第三節指導成立大會並監選。

遺憾的是，看到檔案進行解密的蜀道居士，沒有留意到維摩精舍的檔案其實不止這一份「總報告表」。他不僅錯過了前面的請准籌備緣由，也漏掉了後面省政府對於市政府的批示。

好事多磨

根據這份「總報告表」，可知維摩精舍的發起籌備時間為一九四三年六月一日。成都市政府許可的發起組織日期為一九四三年六月二十日，呈報章程草案的日期為一九四三年七月二十日，籌備員推定日期為一九四三年十月二十七日，具體成立於一九四四年二月一日，填報日期為一九四四年十一月一日。十一月二十六日由成都市政府呈送四川省政府監核，四川省政府社會處十二月二十日交辦。

根據完整檔案所現，一九四五年一月二十九日封發的四川省政府社會處函件顯示「至維摩精舍之宗旨，既系整飭戒行，發揚大乘救世精神，應加入佛教會共同研究，毋庸另組，仰即遵照。原表分別存轉。兼理主席張。」由此可知，維摩精舍的成立在四川省政府社會處登記失敗，訓令加入佛教會共同研究。

這樣，一九四三年五月二十四日至一九四四年二月一日正式成立的維摩精舍，卻在一九四五年一月底，被四川省政府拒絕登記。從籌備到正式成立大約有七個月時間，而從成立到被省政府拒絕則大約是一年時間。也就是說，維摩精舍存在的時間實質上不足二十個月。

抗戰尾聲的變化

一九四五年，伴隨著抗戰進入尾聲，以及當年八月日本投降，國內的形勢並沒有隨著抗戰的勝利而轉向和平發展之路。相反，從八月末到九月底，短短一個月左右的時間，共產黨軍隊與日偽軍之間的衝突，達到一百多次。「作為這些軍事行動的結果，就是共產黨在安徽、河南、河北、江蘇、山西、山東和綏遠丟失了大約二十座城鎮。」與之同時的還有美國軍隊對中國內政的干涉，如美國海軍陸戰隊占領了北平、天津和中國北方的其他要地，並且調動了近五十萬的政府軍抵達華北、臺灣和滿洲等等。通過國家層面的較量，可以發現當時的國際形勢之緊張，因此維摩精舍成立之艱難在所難免。再加上國內形勢逼人，到處人心惶惶，各種社會團體猶如曇花一現，未見得能真正發揮積極的作用。在這種情形之下，袁煥仙等人能堅持講法禪修，並將相關文稿整理成冊，難能可貴。

拋開艱難形勢，以及政府登記層面的社會行政干涉，就實而言，一九四三年以後，維摩精舍的活動已逐步展開。在實際運營中以袁煥仙、賈題韜等人為主，尤其是在法統上更是以袁煥仙為中心。

袁煥仙其人其事

維摩精舍主法者袁煥仙（一八八七～一九六六），字世傑，號其章，四川省鹽亭人，十三歲時應童子試，名列前茅。畢業於四川法政學堂，曾任二十軍夔關監督及軍法處長。早年師從吳夢齡學習佛法，「朝夕不替，諮決心要」。後廣參大德高僧，遍訪善知識十餘年。一九四三年與傅真吾、賈題韜、朱叔癡、但懋辛等人成立維摩精舍，弟子有南懷瑾、楊光岱、徐劍秋、伍所南、田肇圃等人。袁煥仙曾受成都佛學界所托，前往陪都重慶邀請虛雲老和尚來蓉，雖未達成所願，但虛雲老和尚與袁煥仙、南懷瑾見面因緣卻成了民國成都佛教的一段佳話。抗日戰爭勝利後，袁煥仙曾赴南京建維摩精舍。一九四七年赴臺灣講學，佛教界人士請其留台弘法，未獲袁煥仙允肯。返回成都，往來於巴蜀各地傳法，一九六六年去世。

袁煥仙經營維摩精舍數年，有〈榴窗隨判〉〈黃葉閒譚〉〈中庸勝唱〉〈靈岩語屑〉〈酬語〉〈心經三講〉等著述出版。從這些作品中可以看出，袁煥仙的思想特點在於以佛為主、融合三教。「時孔則孔，宜禪曰禪，有時以佛入孔，以老入禪；有時以禪入老，以孔入佛；有時以孔入佛老，有時以佛老入孔；有時孔老佛俱入而俱不入，有時孔老佛俱不入而俱入。」其思想深刻影響了南懷瑾，並由南懷瑾等人發揚光大。

吳夢齡先生

袁煥仙之師吳夢齡，出生年月不詳，浙江吳興人。師從張鳳篪，與謝子厚等成都名士交誼甚厚，有《法鼓》一書傳世，曾與宋孝持等人邀請貢嘎活佛蒞蓉弘法。一九三八年，經謝子厚相邀，為昂旺朗吉堪布的《修定修觀法要》寫序，序中介紹了昂旺朗吉堪布傳修止觀儀軌於雅州（今四川雅安），後經西康省政要黃隼高筆記寄送到成都，在成都輾轉傳抄，之後多方就正，由謝子厚主持印行等事。其中還敘述了吳本人的讀後感想：

余觀其證入空性中觀之理，非特同於禪，且與賢宗四法界觀，台宗圓頓止觀，淨宗一行三昧，無不同者。至於所以證入之法，則有異而同、同而異者在。何也？蓋禪宗知我執之為障，故離四句、絕百非、剿除情識、截斷意根，必離二邊三際，然後契證無上。今茲觀法，知無明煩惱之根，即屬我執。利用分別意識，使其竟委窮源，終以無自性成立，而得中道之觀。其法雖異，其致則同。果能由此通達性海，即一滴而知百川之味，則人我之執盡，而同異之見亦泯。是法，非法，非非法，皆此一事耳。

根據上述感想，接觸密宗之前的吳夢齡的學佛脈絡大致有禪宗、華嚴宗、天臺宗與淨土宗等理路。而從他對禪宗的解說來看，即便吳夢齡本人是否修證，及其修證境界如何等問題無從得知，但是至少在義理上，他應是通曉禪宗破執之方便善巧，及其證悟之途徑。其將昂旺堪布所傳法門與禪宗進行了一番對比，認為兩者「其法雖異，其致則同」，對該法門給予了肯定的評價。

一九三九年，吳夢齡出版《法鼓》。該書被人譽為「法鼓淵淵舉世驚」、「千年積晦一朝明」；一九四二年，與謝子厚、景喆初等二十人參加督噶幹寶活佛在蓉所傳頗瓦法；一九四四年正月，與謝子厚、景戒光、孔保滋、傅盡臣等人在燈籠街一百五十三號楊重民公館召開金剛學會籌備會，定於正月二十五日成立金剛學會。凡此種種，足證吳夢齡是一名在三四十年代伴隨成都的漢藏交流而與當時的社會名流共同接觸了藏傳佛教的居士。賈題韜曾評價說吳先生是一位本分的學者，好禪。由於其他資料闕如，未能更進一步瞭解吳夢齡的生平與其思想。若據此來看，則或可說明當時成都佛教興盛之下，學佛人士對於漢傳佛教與藏傳佛教並不排斥，在修學上採取了兼容並包，互為策進的方式。

張元鈺先生

吳夢齡之師張元鈺（一八六六～一九二〇），字式如，號鳳篪，廣東順德人，與康有為同年中舉，曾經參與公車上書。光緒年間（一八七五～一九〇八）入川候補，因寓成都。其學儒釋並重、兼通易老，主張融滙抉奧、不偏門戶，尤其注重實踐力行。佛學秉承曹溪遺法，不加文飾，禪風高雅。生活以淡泊為足，甘於清貧，為蜀中諸老倚重，謝子厚、吳夢齡、龔緝熙等均曾以師事之。其遺稿為謝子厚、吳夢齡等彙編出版，名《片香集》。張鳳篪曾為晚清瑞安悟和禪師侍者三年，後隨江南隱君子郭夔學習儒典與易理，於儒釋道皆有很深的造詣。

由此可見，袁煥仙開創維摩精舍、以居士身分弘法由來有自，並可上溯至瑞安禪師，而其以佛為主融通三教也不是他的開創，而是清末民初成都居士弘法的一種傳統。自清末的瑞安禪師、儒士郭夔而至張鳳篪、吳夢齡，再至袁煥仙，延及南懷瑾等，法統相續近百年，受眾不可量計。

關於賈題韜

維摩精舍另一位重要人物賈題韜（一九〇九～一九九五），號玄非，法名定密，山西省洪洞縣人，一九三二年畢業於山西大學法學院。留校講授邏輯，旁及因明，因對法相唯識之學多所留意。一九三五年，在山西太原跟隨能海法師聽經，仰其戒行精嚴，以師侍之。再從陳夢桐學習禪法，悟得宗門奧義。一九三八年來到成都，從能海法師學大威德生、圓次第。後與袁煥仙等人成立維摩精舍，負責學部。賈題韜在唯識、天臺、中觀、華嚴等方面均學有所成，但始終以禪宗為其本位，認為戒律與教理並重始能契機契理、順應時代，佛法也才能有所發展，主張融合禪教、不分顯密、儒道兼收，在成都居士佛學中影響頗巨。

融通三教的文化精神

以維摩精舍為代表的居士弘法團體，主張以佛為主融通三教，不遺餘力地弘揚中國傳統文化。這既是民國成都佛教的一大特色，更是近代中國佛教史上不可或缺的一頁。陳兵教授在《二十世紀中國佛教》中認為：「禪宗的傳承，歷來以出家眾為中心，居士參禪證悟，自唐宋以來雖不乏其人，但以居士為中心傳禪結社，唯出現於二十世紀，肇始於袁煥仙、賈題韜等人。」又如，「一九四三年，他（指賈題韜）與袁煥仙等成立『維摩精舍』成員多為當時四川官紳、文士，以實踐、研究禪宗為旨，可謂中國佛教史上第一個禪宗居士團體。」維摩精舍在弘揚居士禪學方面影響延及至今，為中國當代居士佛學開闢了一條卓異之路。由於這些特徵，民國時期的成都佛教弘化已不再是傳統的佛教弘化，而是應時應世發展出來的一種禪教一體、顯密並重、三教混融的佛教弘化，一種旨在濟世化俗、服務社會的佛教弘化。成都佛教能在民國時期的中國佛教史上占有一席之地，此之弘化轉變至關重要。

本文為新修訂版，原載於二〇一五年《佛學研究》

袁煥仙二三事

余世存

編按：作者一九六九年生，北京大學中文系畢業，被稱為詩人學者、思想家、作家。

近年的民國熱

對一般讀者而言，民國熱似乎已經窮盡了民國的人物和事件。但對歷史和民族生活而言，對民國人物的讀解仍有很大餘地。曾有論者說，當代的民國熱仍是意識形態式的，對社會主流地帶的政治經濟文化人物過於關注；而對那些邊緣者、特立獨行之士、對華夏文化各類生活方式的傳承和踐行者的關注非常不夠。這一評述相當精深。從這一角度看近現代中國，還有相當多的空白有待今人挖掘填充。以儒釋道文化的傳承而言，袁煥仙先生的人生功德就值得今人瞭解。

今人瞭解袁煥仙先生，多得益於其弟子南懷瑾先生的介紹。如果沒有這一位名滿天下的弟子，袁先生或許只能永遠消失在歷史裡，或只成為地方鄉賢野老們的零星記憶。文明史的一大悲劇在於，那些立功立言者未必都有機會成為大眾的典範。但是，像袁煥仙那樣的人確實是文明史需要感念的，他們的人生價值並不在於給後人多少資糧，他們的人生價值既在給自身以圓滿，又在夯實一個文明的能量。

袁煥仙本名世傑，小時即表現出不凡的天姿。十三歲應童子試，名列前茅。民國初年（一九一二年），袁畢業於四川法政學堂，歷任越嶲縣知事、二十軍監督及軍法處長等職。據說袁在四川軍閥楊森手下做事，結識了楊森的部下朱德，當時的朱德稱袁為「煥哥」。

棄官退隱　學佛禪修

一九二六年，四十歲的袁煥仙棄官退隱，潛心於佛學禪修。袁先師從於吳夢齡先生，後來出川行腳，遍訪國內高僧大德。一九三五年二月，在漢口歸元寺，參叩於湖北禪門高僧秀空老和尚；同年四月，參謁穹窿山道堅老和尚。這一番修行回到成都，人們多稱袁煥仙已經大澈大悟，但袁煥仙本人更加精進精勤。

一九四二年，袁煥仙到靈岩寺閉關三個月，隨後主持靈岩禪七法會。法會甫一亮相，就震動整個西川禪林。這一次盛會，袁煥仙啟發了幾位弟子，南懷瑾被譽為頭名。

一九四三年，人稱「大禪師」、「大居士」的袁煥仙，與省內名士潼南傅真吾、大竹蕭靜軒、巴縣朱叔癡、榮縣但懋辛，以及山西賈題韜等人，正式成立了「維摩精舍」。「維摩精舍」宗旨有三：

一、整理禪宗原理以至方法，使之成為整體之系統。
二、比較與其他宗派之異同，以明禪宗教外別傳之特點。
三、結合中西學術思想，提高禪宗之學術地位及其實用價值。

袁先生身體力行，在精舍內開講國學經典中的精華要義，他的努力，使得維摩精舍成為中國居士禪的一面旗幟。

重慶　南京　台灣

抗戰期間，袁煥仙先生曾應成都佛教界之託，帶著南懷瑾到重慶迎請當時中國的禪門領袖虛雲老和尚到成都傳法。雖然虛老最終沒有到成都，但袁先生與虛雲老和尚會晤的這段因緣，卻成為當時禪林的一大逸事。

一九四六年，袁煥仙先生以國大代表的身分，在南京成立了「首都維摩精舍」。當時的政界要人陳誠、陳立夫、周宗嶽等均執弟子之禮叩，而袁先生只以佛法教化於人，不論其餘。為了應付時事，袁先生不得已寫下了〈我之國是〉一文，宣稱全國應「團結以禦外侮，安息以厚民生」。

一九四七年，袁先生應邀赴臺灣講法。當時有日本和尚去參扣問法，日僧頂禮三拜，長跪舉右手伸一指曰：「請問先生這是什麼？」袁煥仙站起來，高聲用他的川腔呵斥：「我日你媽呦！老子這裡一樣都莫得，東比西畫作麼！」日僧被嚇得驚起，拂衣而去。有人埋怨袁煥仙脾氣不好，袁煥仙也懶得回答。

從臺灣返川後，袁煥仙仍全力主持維摩精舍，並時常往來於四川各地講經說法。一九四九年以後，袁先生家居休養，一九六六年溘然圓寂，享年八十歲。

政界工作經歷

袁煥仙先生的面相是多樣的，其政治面相也可圈點。一九一六年，三十歲的袁煥仙出任越巂縣知事，參加護法戰爭，以戰功遷二十軍夔關監督及軍法處長。據其嗣女袁淑平先生所寫：

民國十五年（一九二六年），廣州革命政府在北伐進軍中，委楊森為國民革命軍二十軍軍長，駐防萬縣。楊委先大人署理夔關監督，兼任聯軍總司令部軍法處長。夔關監督，優署也，理之，清守如舊。凡決獄，必窮狀允證，既定獄，猶原情宥三，尤其矜重死刑。蓋先大人夙承庭訓：「無殘心，無奸行，無恣逞以殺生。」更因決志心宗，以拯世濟民為本。如是數年，平反大獄者數數，活人無算。市眾無不津津樂道「青天再現！」

可見袁煥仙有英雄氣概，有聖賢用心。他曾經點化七十三歲的朱叔癡先生，讓他讀三天的《中庸》來領悟其義，結果是朱感慨，「何期晚年得聞這個？」有省後的朱叔癡不願與聞政治，當時的陪都重慶召開國防參議會，有人開著小車來接他，朱說什麼也不肯參加，朋友來催促他也沒有用處。袁煥仙聽說後，趕到他的住處對他說：「三爺，昔黃龍南斥舜老夫曰：何不有事令無事，無事令有事，所謂淨佛國土，成就眾生者也。」朱叔癡聞言大驚，連聲說：「好好好！我明天就出發。」

國是主張　憲法意見

袁煥仙對政治和社會事務有當仁不讓的意識。他在作國大代表時，曾寫過「國是主張及憲法意見」：

政莫要於知本，禍胥肇於錯誤：歷觀中外史乘，無論其國之政治、為寡頭、為多頭、為君主、為民主、為社會主義、為資本主義、為法治、為人治，而數千年來，殺人盈城，流血成渠，從無百年乂安；其間縱有一二賢明者出，要皆偽奠一時之小康，非勰永久之太平；極其至，詎有他哉：不知為政之本，而認識根本錯誤也。

謂認識不正確，執一偏之見，而昧大體之全，自以為是，自誤誤人，始濫觴而終滔天，遂激國家社會於不可救。如進化論出，演成強大民族侵略弱小；如唯物論出，演成階級鬥爭，殘殺慘禍；如優生超人之說出，則又演成法西斯之暴厲行為，發動大戰，禍及世界，流毒他邦，自飲鴆毒者：皆認識根本錯誤也。

袁煥仙還批評西方哲學，數千年來，不困唯心，便蔽唯物：

自泰利士始創物質論，繼之者，赫拉克里特、恩比多克、德莫克里特，皆一期大家；（唯物）蘇格拉底出，哲學發展方向一變，柏拉圖建立觀念論之體系，亞里士多德集為大成；（唯心）其後，伊壁鳩魯、與斯多利亞，又形成心物兩學對立之局：此古代哲人，不困唯心，便蔽唯物也。

晚近物質論，盛於法蘭西，以那梅特利、第德諾、赫爾維修為中堅，荷爾巴哈集其大成，然其時，早有笛卡爾二元論之折中無效，乃至康德之調和過渡，而復歸於觀念論，即菲西特、謝林格、黑格爾等一系也；（唯心）物質主張，又以費爾巴哈為首，及至馬克斯建立新姿態，集其大成；（唯物）此又晚近哲人，不困唯心，便蔽唯物也。

可見袁煥仙對中西文化的把握，在此基礎上他發表「國是主張及憲法意見」，其中「國是主張」有五大部分，分為「賢人政治」、「人格教育」、「計劃經濟」、「以政治軍，以軍屬國」的軍事、「獨立、自主、和平、互惠」的外交。「憲法意見」部分則有八章，計「總綱」、「人民之權利義務」、「國民大會」、「中央政府」、「地方制度」、「國民經濟」、「教育」和「憲法之施行及修正」等等。我們從中不難看到他的格局。

參訪大德

袁煥仙先生中年轉行。「年四十，見國家多難，人心緣溺，於是罷政，棲心宗下，師吳興吳夢齡先生，諮決心要，朝夕不替，雖饔飧不濟，而堅毅不懈。」

他的參悟之路也是一段段的公案。民國二十四年二月，投漢陽歸元寺，參鄂之翹楚秀空老和尚。先生問曰：「未審如何是除卻心意識參？」秀老曰：「上年老僧亦曾以此事問諾那呼圖克圖曰：『如何是除卻心意識學佛？』諾那只是大笑。」

同年，他到蘇州參訪道堅老和尚。道堅老和尚批評他後，勸他，「此事不屬見聞覺知，不離見聞覺知。此後居士你也不必學禪學道，看經看論，求知識，參大人，但切切實實提一個話頭苦參，自有桶底脫落的時節。」

他還向印光大師請教：「某甲棲志心宗者十二年矣，而一無所入，奈何？奈何？」印光大師笑曰：「慎莫妄語，入何所？出何時？覓無出時，何有入所？」先生乃通所見。

我們今天讀這樣的「公案」，已經很難深臨其境。用今人的話說，這是另一種專業知識。無論現代學院、現代科學如何看待傳統文化中的這種求學問道，傳統文化自有境界，自有傳承，自有趣味，否則這些高僧大德們不會窮其一生的精力在其中尊德性而道問學。

打七參禪

袁煥仙先生後來學習禪宗參話頭的方式。他在成都十方堂禪院，盡卻一切，單提一念，朝斯夕斯，行止不輟，只提一個「德山小參不答話」的話頭。據說，在他剛開始參的時候，還能靜靜的住在關中，究問為什麼德山小參不答話，參了一段時間之後，越來越覺得沒有滋味，越來越絕望，越來越狂躁不安。最後坐不住、跑出關來，如瘋癲一般，四處遊走。先是念念有詞，繼而聲嘶力竭、大喊「德山小參不答話，為什麼？」，最後哀號不已。三星期後吐血，仍不以為意、繼續參。參到最後，先生全然忘記了一切，衣衫不整，形如槁木，披頭散髮，滿臉鼻涕和塵垢，四處哀號，目光射人，人皆避之，或謂「好好一個人才，參禪參瘋了，成了廢人，甚為可惜……」

住持見袁先生如此，就為他加持。有一天，住持禱告完畢，便將殿門從裡打開。就在殿門發出「吱呀」一聲的時候，袁先生恰在殿外聞得，豁然打失疑團，當即便哈哈大笑。後先生自述云：「爾時澈見百千陀羅尼、無量功德海、塵塵剎剎、剎剎塵塵、一切佛、一切法、一切僧、一切修多羅、一切三昧、一切淨戒、盡未來際、不可說、不可思、不可議、種種聲、種種色、種種是法、非法，莫不由此七字一口吞盡，一音演出。」……自此行住坐臥，如在春風中。

關於開悟

有這樣刻苦的參悟經驗，袁煥仙的心思跟老師出現了差異。袁煥仙認為開悟了就不用再修了，而他的老師吳夢齡認為還得修。兩人為此形同陌路。這種分歧並沒有讓袁煥仙心安理得。多年後，他見到虛雲大師，仍以此向虛雲大師請益。

據南懷瑾記載，當時虛雲問袁先生，「成都學佛朋友如何用功？」袁先生說：「有三種朋友，落在難處不可救藥，所以望老師刀斧也」。虛雲問：「云何曰三？」袁先生說：「一云悟後起修報化；一云一悟便休更有何事；一云修即不修，不修即修。」虛雲的反應是：「嘻！天下老烏一般黑。」

按元音老人的說法，這是「作家見面」。「作家」是禪宗裡對高人的尊稱，有非常厲害的手眼，才叫「作家」。元音意思是這是高手過招，袁煥仙出了難題，虛雲沒上當。

虛雲還說，你們四川搗弄禪宗的人，全國第一，尚且這個水平，更何況別的地方。袁煥仙說，嗯。嗯。虛雲說，近來一幫魔子，酷愛談論神通，你們四川有這個過患嗎？袁煥仙說，有、有，還是天下老烏一般黑。說著，袁煥仙指著南懷瑾說，這孩子在靈岩七會中一度發了神通，能隔牆見物，告訴我，我把他痛斥了一頓。虛雲說，「好好！幸老居士眼明手快，一時打卻，不然險矣危哉！所以者何？大法未明，多取證一分神通，即多障蔽本分上一分光明，素絲歧路，達者惑焉。故仰山曰：『神通乃聖末邊事，但得本，莫愁末也』。」

對此專業知識的辨析，幾乎見仁見智，重要的是能夠見道受益。如有人以為虛雲大師應對袁先生的話時「應機不緊」；有人體會是悟後必修，不過悟後的修不同於悟前的修；有人認為「天下烏鴉一般黑」就是悟和修一樣，只是呈現形式不同。凡是能看出前後境界差別的，就叫「悟」；凡是看不出前後境界差別的，就叫「修」。

點化　啟蒙　應變

在傳統文化裡摸爬打滾過，袁先生跟現代教育家們大不一樣。他的點化、啟蒙、隨機應變極為精彩。當然，我們可以說他沒有現代學術規範或學術邊界。他是生活的。當人們把他捧得神乎其神時，他的反應是，「醜！簡直把我說成妖魔鬼怪了。」

川軍旅長申介屏有一次問袁煥仙：「我七十歲馬上就要到了，而四大不牢，生死未了，怎麼辦？」袁煥仙大聲說：「嘻！是何言哉！是何言哉！」申介屏惘然。袁煥仙雙眼審視申介屏良好久，問：「會麼？」申介屏答：「不會？」袁煥仙說：「且付河山鞍轡外，一鞭紅照出風前。」申介屏久久無語。袁煥仙又說：「會麼？」申介屏答：「不會。」袁煥仙於是說：「兄弟你但凡行時、住時、坐時、臥時，乃至朋友交際、妻兒子女會合等時，切切實實持佛號，而不必外覓神仙，內計丹道，一朝報盡，自然往生彼土。生彼土已，生也死也不必問人，自然如觀掌果也。」申介屏聞後踴躍驚歎。

袁煥仙的太太見到他時問：「不知道我現在該稱你為袁佛爺還是袁先生？」袁煥仙說：「你只認得袁先生，且認不得袁佛爺。」袁夫人又問：「如何是袁佛爺？」袁煥仙答：「閉關的。」袁夫人問：「如何是袁先生？」袁煥仙答：「你的丈夫！」在場眾人大笑。袁夫人說：「這個老漢兒一天到黑盡信口亂說。」

女兒袁淑平問他：「爹爹在此成佛沒有？」袁煥仙答：「我無如是不懂事。」袁淑平問：「既然不能成佛，這裡又如此寂寥，如此清苦，你都不嫌棄避忌，到底為了什麼？」袁煥仙答：「為了學佛。」袁淑平問：「既不成佛，學他為那般？」袁煥仙說：「你快走，好好讀書。」袁淑平說：「噫嘻。」

誰可學佛

外甥曹仁剛問他：「舅父大人住在靈岩山學佛，外甥的年齡和環境皆不能住在山上，但在城市裡百務繁多，瑣事纏身，日不暇給，這樣也能學佛否嗎？」袁煥仙答：「能。」曹仁剛又問：「如何是甥學的佛法？」袁煥仙答：「入則孝，出則弟，謹而信，泛愛眾而親仁，行有餘力則以學文。」曹仁剛不解：「這豈不是孔夫子說的？」袁煥仙答：「是。」曹仁剛說：「既然孔子已有，舅父大人又何必入山苦苦尋找？」袁煥仙答：「不可山中便無孔夫子也。」

袁煥仙岳母王老太太高齡七十四歲，然而康健超過常人。問女婿袁煥仙：「我念佛數十年了，而生死仍無把握，該怎麼辦？」袁煥仙答：「岳母大人勝行已起，將來報盡，定獲往生，現在只好照舊精進，不管他生死不生死，往生不往生，驀直向前，定有歸家穩坐大笑一場的時候。」

時代的奇人和中華文化

我們看袁煥仙先生一生，可以說，他跟很多奇人異士一樣，跟主流社會的生活事業模式有一定的距離。比起新文化運動以來的新派人物，袁先生們也許偏於保守；比起民國史上的保守派人物，袁先生們又偏於維新；甚至比起重啟道體的新儒家們，袁先生們更通達，更生活。他不是斷裂的，不是補天的，不是遺老遺少的。但他對儒家、道家、佛家實修實證實參，他代表的是傳統中國文化在現代史上的自然演進。這是一條至今仍被忽略的文化線索。

眾所周知，傳統中國文化在漢唐後發展為儒釋道三大流派，到宋明，三派合流。這一合流的歷史趨勢為鴉片戰爭後的政治經濟變革幾乎強行斬斷，新文化運動造成的斷裂不用說，就是新儒家的勇猛精進也忽視了儒在宋的理學、明的心學後已經吸收了道家、佛家的成果，並與後者一道主導著中國文化的流變。而當代人復興傳統者，更是忘了這一歷史變局，以為復興即是復興文獻意義上的儒家真精神。

但袁煥仙先生們應該清楚自己的命業。他在《維摩精舍叢書》中，將儒、釋、道三家精神，圓融貫通為一個整體；同時旁涉西方文明，直指世道人心：「燃先聖之心燈，續眾生之慧命，揭宇宙之至理，軌萬有之一行。」

在袁煥仙的棒喝磨礪下，維摩精舍造就了一大批人才，為中國傳統文化的復興，保存了火種。門人中多是一時的大德居士或禪門俊傑。

維摩精舍的文化精神

跟書院或現代大學教育不同，袁煥仙的教育方式是生活的。南懷瑾成為其弟子就是一例。當時南懷瑾到靈岩寺遊玩，正好遇到袁煥仙出關。兩人見面後，袁煥仙說：「我聽說你武功很高，會太極拳，我向你拜師啊。」南懷瑾謙虛一番後，也就認真教袁打太極拳。但袁煥仙的太極拳沒有學成功，南懷瑾反而拜倒在這位大禪師的門下。徐劍秋的拜師同樣傳奇，維摩精舍附近有一「近聖茶園」，袁閒時愛去那裡品茗下棋，而徐劍秋跟他是老棋友。有一天，他們正在下棋時，侍者來催袁：「先生，講經的時間到了。」袁起身向徐劍秋告辭，徐驚問道：「你還講得來經啊？講什麼經？」徐劍秋跟隨袁先生姑且聽一聽。袁煥仙當天開講《中庸》，一堂課下來，徐劍秋驚歎不已，立即拜師，成了維摩精舍的著名弟子之一。

袁煥仙先生的立身處世方式到今天都未必能夠成為主流，今天像他那樣的人物事蹟同樣存在，但同樣會被輕視，會被當作「野狐禪」。當年袁結集時，曾寄贈太虛大師，但太虛大師批評為「擲付侍者」，「兩樣畜生」，「一般假名」，「一場敗闕」，一時讓袁的弟子譁然。其實，這種遭遇今天仍在重複。被埋沒了數十年的袁煥仙夫子和維摩精舍的文化精神，今天因為南懷瑾先生而得以重現，南懷瑾「縱橫十萬里，經綸三大教，出入百家言，數十年來著作等身」，可以說把袁煥仙們的功言德行發揚光大，但南懷瑾先生在主流學界或正統眼裡，仍是不被認真對待的。

今天回望袁煥仙們，我們仍缺少足夠的經驗去走近他們。我們都希望中國文化的復興，但中國文化是什麼，跟我們自身的生活生命經驗有什麼關係，已經很少有人說得清楚了。袁煥仙們的人生至少是一條可供參詳的線索，他們在當時及今天的存在，值得我們同情，雖然我們未必理解。

五十年的回憶

楊志堅

編按：本文是一九九五年寄到香港給南師的，作者為維摩精舍學子，為中醫師。

我在維摩精舍從袁師煥仙就學的片段略述。

一九四二年初秋，我來蓉途中在樂至遇到魏楊夫，他是老師以前的屬下，當時在作相命生理。同來蓉後，他住白絲街旅店謀生，我在行醫。一天，他約我去中山公園喫茶，得見先師。接談間，師見我門齒整齊，而論我秉性，譽我為忠孝之人。自覺愧感，於是恭聆先師說法。從此每午後茶會，我去時較多，漸有領會。

不久，先師益友多人雲集，有傅真吾、蕭靜軒、朱叔癡、但懋辛、伍心言諸先生等，成維摩精舍，恭延先師主法。師即登座主講西來法意。一時，大專學者、軍政要人，雲集精舍，每日敬聆先師說法。當時，獨有大師兄南懷瑾先生，即為門人首座主講。一日先師與伍心言先生談論，稱南師兄說法如雲如雨，青出於藍，宏宗有人焉。

當時，我與錢宗本（錢吉）、楊光岱兩師兄同住精舍，我向他們請益，亦得門徑。因參庭中石榴樹，即景即心，心生法生，心滅法滅。先師一日認可，自愧只見一點清靜心境，只到門前尚未得入，哪能說開悟。先生苦心訓誨學人，慈心教我，並賜我《六祖壇經》一部，囑深入修學。

後因家遭不幸，妻離子散，仍行醫度日。又轉赴瀘州，在稅捐處任職兼行醫。半年後，再回成都，時去精舍聽師說法。那時正值國大競選，先師以宗教人士參加。當選後赴南京講學，並去台北說法。臨行前，命我去催啟文印刷社承印的《心經三講》，帶去南京宏法。一時國內人士紛紛函請先師主講佛法。

曾憶先師在抗戰後期，獨山吃緊之時，先師談：「中國不亡，中國必勝。」同仁問先生：「如何中國不亡？」先師云：「祖德厚，故不亡。」

抗戰勝利後，一次在精舍，煥師談及朱德在赴雲南講武堂就學乏路資，先師贈與朱德大洋壹百元，同學友誼之情。畢業後時局變動，朱德又赴蘇聯留學軍事，歸國後在萬縣楊森處任參謀。當時煥師任夔關監督，與朱德同事，時相過從。朱德常請煥師在楊森處多為推薦，欲得一帶兵官實缺。而楊森知朱德係共產黨，時加防範，已知朱要拖他隊伍，便存心殺他。一次，楊森請部屬宴會，朱德應邀簽名。獨煥師看出楊森有殺機，只隔一日。當晚，煥師急囑親信去招待所邀他來家夜飲。朱德一來客廳，並無他人，煥師只手勢請坐，朱一時不知所措，動問：「煥哥，有啥事？」煥師只說坐，兩分鐘靜坐，煥師問：「朱玉階，你在惠公處要想當個什麼官？」朱答：「還是要煥哥向惠公推薦任個團旅長，總能副職罷？」煥師說：「朱玉階，你要楊子惠的旅長，楊子惠要你的九斤半（人頭喻朱頭）。」煥師向夫人比手式二指，隨即拿來大洋貳佰元，交朱德作盤纏用。煥師說：「速回招待所，拿出你的祕密東西，一人急去碼頭。」囑親信，改稱朱為張經理，送上輪船出川，到天明已達宜昌，脫險矣！出川後再做革命活動，直到南昌起義。

楊森宴會日，特務報，朱德已不知去向，一走了之，楊森追捕不得。

一九五〇年成都解放，先師致函朱總：「我閒居蓉城講學多年，不問政事。今日革命成功，我衷心祝賀。你們革命，我不造反。」由袁淑平師妹交派出所所長看後，同意寄發北京。

先師講學歸來，每天仍到精舍主講，著精舍叢書五卷，由南懷瑾、伍心言、林梅坡、呂寒潭、鄧嶽高等記錄成書，刻版於臥龍橋古書店。師命我等時去催促付印、校對。書成，諸方爭先請讀一空。到一九五〇年已解放，先師仍每天去精舍主講。一時同參星散，當時政策只好停止活動，申請撤銷。有鄧嶽高師兄等造具名冊，報請撤銷，精舍小牌由我取下。煥師即回家靜養，但身體虛弱，貧病交加。我時去為師與師母診治。每去時，常有（政府）工作人員查詢……呼師為「老頭」，囑其交代。

一九五二年我住外東參加聯合診所，煥師有病時派人來呼我。有一次我窮極無生，師命人來要我速去。當時門診我走不了，說了先師的氣話，極不禮貌。待我去時，一入門，先師嚴肅地將我的原話說出（先師心通、耳通聞之），使我無地自容，捫心自責悔過而已，每三數日必去師家看病擬方。

一九五四年，蕭奉來師兄來蓉，師囑在我處聯診工作，一時仍行不通，同住二月，每天所得小館進餐度日。後蕭師兄離去，遂成永訣。

一九五九年反右運動，我被收容入寧夏街審查，參加撤古城墻，強制勞動，拉車運泥，折傷腰部，設法寄信師家，幸收到。師與師母去寧夏街為我送藥酒治傷，因管理森嚴一物不准拿進，不准會人，師弟不得見，返回。後我暫釋回家工作……師病越重，三數日時去診治。因工作關係，每去多在夜間，見面多蒙師教誨。又無車，步行來去二十里。家中常常斷炊朝不保夕，日復一日，生活下去。一次，師將晚間施食偈語口授與我，不作記錄，偈語如下：

入來一粒米　大如須彌山
百味都具足　供養諸聖凡
食此離諸苦　見者開歡顏
細嚼此中味　鮮美妙難詮
既不在內外　後不在中間

更不在不在　的的香積廚
的的大法船　的的大涅槃
諸真齊來格　菩提道道圓
下忱鞠不盡　淵淵其如淵

從此我夜間亦念誦布施。

一九六一、一九六二年，新參學的道友數人，現在蓉有曾淮浦、黃義勛（現已出家宏法）、周世榮。一日，先師吟詩一首，不准筆記，只憶數句如下：

縱罄南山竹　還傾東海波
篤君情不盡　噫嘻謂之何

又賜我詩一首（囑不筆記）：

微笑金風酷　無霜肅滿天
人歸花落後　鳥語月明前
載道深慚聖　行心不問仙
因憐他病骨　到處一壺懸

此詩寫照師與弟子之情懷與感慨。

一次，我將僧友贈我的宋版《楞嚴經》一部交先生看，師將第六卷觀世音菩薩答佛問證道經文，為我講解。方進一步得知佛法無邊，應努力參照菩薩修學，才能證悟菩提道果。萬不能見到一點清靜心境，落入死空，不起悲心，不得自度，更不能度他。師示我遇危難時，觀想師及師頭上有觀世音菩薩在，虔誠默禱，必然得救，化險為夷。

又有一九四六年在瀘州從小市過江，正值洪水暴漲，沱江水位急流，直奔長江匯流口，約十五分鐘回頭不見瀘州（渡船水漲，限度十人。開船時，又強行上兩個軍人，超載），但見前面長江水位高約數尺。已近二百米，再進必直入江心覆沒！我急念大悲咒請前二位尊者，我上前推橈，橈下如千斤巨石拖住，用盡力氣，絲毫不動。再念一遍，船下如石脫落，船則飄然返程，輕搖即達左岸，全船得救。此事是我親身蒙菩薩拯救的神跡，但願學佛同道，隨時觀想菩薩，禮敬菩薩。

從這時起，我已淪為黑醫，不准行醫，只准勞動生活，老伴病臥床第，時常斷炊。但先師病篤不能住院，我不能不去診治……時有好轉但不能痊癒。直至一九六六年夏初，病情轉劇，小便疼痛，尿如膠汁，痛苦萬狀。當時先師生活全憑淑平師妹供養，只能維持最低現狀。文化大革命開始，師病轉劇，我亦束手。淑平師妹在運動中，只每週抽時間回家看視。一日，申刻，天日晦暝，十方震動，先師溘然圓寂（我扶師回坐椅上，師即去矣），師母悲痛欲絕。師妹歸來又去聯診請來西醫搶救，亦晚矣！

師妹安排後事，我與黃義勛、劉戢武、甘秉常提出，今年有廖太太向師請法參學，去通知她，她兒子係西南局幹部。甘囑我同去，殊知一進門就出問題：只問哪裡來的，站立答話。說會廖太太。等到過一小時，廖的兒子出來說，你可走了。次日，師妹找了大車送竹王山火化，有師妹師母、黃義勛和我。火化後捧回靈骨隨車回東通順，一代宗師暫別人間。而我翹首雲天，盼望南大師兄歸來主法，提持我等深入法位為願！

先師晚年訓我，行直心，正念真如法，起深心廣積諸善行，起悲心救出一切眾生離苦得樂，行道之人，終身奉行可也。光陰催人老，在大革命運動中，一次見到錢宗本師兄，身著農服，頭戴草帽，一身病骨，我為他診治兩次，留下地址，一別走了。

先師圓寂後，師母多病，我常去診治。師妹照常供養，直到一九九一年。治病外，我也少數供養以助藥費，到一九八八年，海外南師兄取得聯繫為止。南師兄對師母生活上作了豐厚的安排，藉以減輕師妹負擔，直到師母圓寂，在蓉師兄弟行禮如儀，送歸西土。現在蓉師兄弟仍奉先師遺教及南師兄講經，著述繼續宏法。但願後繼有人，使我宗門發揚光大，萬代流傳。

一九九四年十一月十二日

於成都

成都維摩精舍內江學社成立時間和起因

曾鶴君

編按：一九五九年文革之前，中共官方追查維摩精舍及袁公煥仙的活動情況，本文係作者對官方坦白交代的筆述。

是偽民國卅二年春季，袁煥仙由潼南回成都，路過內江，住大西街晉元公寓，「袁煥仙即是成都維摩精舍的老師，地址是提督東街三義廟內」，我經親戚張特愚介紹，才認識袁煥仙，才知道他講的佛學禪宗，已先有許建業、冷笑岑、潘子毓三人，先我在座。經袁指點在跑一趟很累的時候，忽然停止，袁即問你此刻心裡有什麼沒有。當時一念不生，出氣不忙，當答沒有什麼。又問明不明白？答明白。袁即證明這就是明心開省，只要信得急，認得深切，也就是究竟，明心見性，就是如此的。我內心中異常高興，對袁深信不疑。沒幾天因送袁弟子田少甫（肇圃）回潼南，在東興鎮早飯後田起身，袁煥仙就約去景福中學看他老朋友伍心言。那是伍當景福中學校長，袁求他斧正他的維摩精舍叢書的底稿。伍心言欣然承認，一同返晉元公寓。伍把袁的底稿看完，深深向袁禮拜說真難維（為）你，佛學界多年懸案都被你解決了！若不是澈悟的人，何能增此。於是伍心言對袁大起尊敬心。因見伍心言都如此，更增加我對袁的信心了。照樣把伍心言弄跑一趟，予以證明。自袁回成都後，同我五人常在東壩街冷笑岑茶館吃茶，見面就談個人心得。到夏季成永酒精廠辦事處由東壩街高氏祠遷移到桂湖街五號，星期三六下午，許伍冷潘就來我桂湖街成永辦事處，也就不到冷茶館內了。卅二年冬季，伍心言由成都約袁煥仙回內江來，即住我桂湖街五號內。袁煥仙每晚講人生真理、宇宙真理七天，又登內江日報歡迎袁在東壩街三青團地址講般若波羅蜜多心經三天，聽眾第一天有二百多人，二三天聽眾只有百多人，後再到我謝家壩培風小學內行七有七天，是專拈提觀心，共有三十多人參加。經袁煥仙認可有省悟的，才算是維摩精舍弟子，遂成立成都維摩精舍內江學社，地址即在我成永酒精廠辦事處內，是桂湖街五號。這就是內江學社的起因。

內江學社主要負責人，經袁煥仙指定，他不在內江學社久住，他走後內江學社由伍心言代座，冷笑岑代講，許建業為監察，曾鶴君當庶務。

內江學社成員：

許建業，內井警備司令部稽查處長，軍統特務，同伍心言是參加維摩精舍後才認得。

潘子毓，偽國民黨員，與伍原是熟人。

冷笑岑，原在沱江中學當教員，開過東壩街茶館，伍心言聘他在景福中學當教員。

伍心言，景福中學校長，偽滿清秀才。

伍所南，景福校教員，伍心言的弟弟，日本留學生。

伍寶琳，伍心言的兒子，當過同昌酒精廠經理。

伍聲德，伍心言的侄子，汽車運輸業務。

許雲章，當過楊啟文旅部軍需處長，同伍是朋友。

劉英才，偽法院書記官，同伍是師生關係。

曾鶴君，成永酒精廠經理，偽民國卅二三四年經常會面。

曾左廷，內江經收處處長，縣執行董事長，偽國民黨員，原同伍熟人。

雷禹三，內江參議會議長，當過偽旅長，原同伍熟。

資中人：

羅宮府，劉湘部軍官，偽專員，原同伍熟。

周虛竹，鄧錫侯參謀長，原同伍熟。

林翼如，偽旅長，原同伍熟。

伍心言參加過什麼組織，及活動情況？

伍心言，偽滿清秀才，當內江縣中學校長，劉湘軍部祕書長，政務處長，合川縣縣長，景福中學校長，內江臨時參議會參議員，內江縣參議會參議員，競選過偽國大代表，以他替蔗農爭執評蔗價作宣傳競選的資料。又，當過重慶長安寺佛學社社長，隨諾拉活佛到過西康，「是聽到他自己說的」。又，伍心言同袁煥仙，原是把弟兄，當弟子後，首先稱袁為師傅，因他都崇拜袁煥仙，更引起他人對袁的信心！又，袁煥仙維摩精舍叢書募集刻板費，內江學社湊足二百萬元，伍心言主動募集的。又，伍心言愛講陰地、尋龍點穴，自負眼力很高。

伍心言同雷天元往還很少，每逢星期三六下午，伍心言到學社來，雷天元很少來過，是否他被雷天元吸收做什麼工作？我更不清楚，無法檢舉。

一九五九年一月十八日

我所瞭解的爺爺

寫在外公誕辰一百卅週年之際

張心帆

編按：作者本名張穀，一九五七年生，為袁公唯一外孫，在四川省工作。

我爺爺袁煥仙，實際是我外公，他長我七十歲。我對爺爺的瞭解至今還有印象的，只有兩件事，一是晚年爺爺喜歡在東通順街家的堂屋裡，圍著一個不大不小的圓桌散步，其實堂屋只有半間，另半間是鄰居吳夢齡老先生夫人在用，我媽媽叫她吳太師母，是爺爺老師的夫人。我就喜歡跟在爺爺屁股後面，陪他轉圈圈。第二是爺爺圓寂後，那張在殯儀館為他拍的死後仍然坐著的照片，像睡著了一樣。那一段時間，我常常拿著爺爺這張照片看，一點不害怕。

此外，我只有一些模模糊糊的印象，如在房間內爺爺坐在藤沙發上會客，說話總是聲如洪鐘，在屋外也能聽得見。我的印象中，他很少逗我，好像還要吼我，可能當時我一個小男孩，比較調皮吧。其他對爺爺的瞭解就是聽媽媽講故事。再後來，開始看到爺爺的著述，方對爺爺有了一個比較清晰的概念。

母親口中的爺爺

爺爺生於一八八七年農曆九月十三日子時，圓寂於一九六六年農曆四月初六酉時，那時我剛滿九歲。我爺爺一生娶了三房，共生了六個子女，還有一個養女。大房婆婆是在鹽亭老家娶的，生有兩女，就是我見過的大姨媽袁清平和二姨媽袁靜平。

二房婆婆就是我媽媽的親生母親，叫王相君，仁壽人，生了我媽媽和三個舅舅。大舅舅叫袁本端，二舅舅叫袁本莊，三舅舅叫袁本敬，我媽媽叫袁本寧，字淑平。媽媽的妹妹是我相君婆婆在成都街上遇見一位母親因為吸大煙欠人錢，要把女兒賣掉，於是婆婆給了錢以後，把她帶回家作為么女對待，起名本一，字季平。三位舅舅我都沒有見過面。

早年我婆婆做了一個夢，夢見兩條蛇在追她，於是她就把兩條蛇掐死了。後來兩個小舅舅相繼病死了。聽說大舅舅在一九四九年以前就死在外面了，至今不知下落。這樣一來，我爺爺就一直沒有兒子，這是他一生最大的遺憾。姨媽後來結婚後，與姨爹共育有三個兒子，並把姨媽的親生母親接來共同生活直到養老送終。

三房是陳雪倩婆婆，從來沒有生育過。前面兩位婆婆我都沒有見過，只見過陳雪倩婆婆。陳雪倩婆婆在爺爺圓寂後，一直由我媽媽供養、姨媽照顧到老。聽媽媽講，爺爺棄官學佛後沒有收入來源，相君婆婆是為了家庭生計和供養媽媽讀大學積勞成疾去世的。大婆婆的情況我就更不知道了。

爺爺與楊森

爺爺當時在楊森的國民革命軍第二十軍任軍法處長，同時兼任夔關監理。由於爺爺心地善良，婆婆相君夫人又信佛，爺爺在任上，從來沒殺過一個人，沒有欠一條人命，這是媽媽特別告訴過我的。

一九二七年，爺爺四十歲時，他就請辭了所有官職，一心在家學佛參悟。媽媽講爺爺的性格是很倔強的，有時在外面受了氣回來，就在柱頭上使勁蹭（摩擦）背，嘴裡還要一個勁地說：「吃虧是福啊！」在學佛過程中未開悟時，也是像吃了虧、受了氣一樣，在柱頭上使勁蹭自己的背。甚至於擊打自己的頭，希望自己盡快開悟。

爺爺與朱德的故事

在爺爺辭去公職後，家裡的開銷基本靠相君婆婆洗衣做女紅掙錢來維持。其間，川滇軍閥混戰，滇軍戰敗，時任滇軍首領的朱德逃亡到成都，楊森下令全城搜捕朱德。爺爺與朱德熟悉，將朱德藏於家裡。由於爺爺曾經是楊森的軍法處長，因此無人前往搜查。後來爺爺讓婆婆把家裡一件皮襖當掉，換成盤纏，護送朱德出成都，才躲過一劫。救朱德這件事，後來聽南師的學生講，南師所述為：爺爺得知楊森要殺朱德後，便把朱德請到家裡吃飯，給朱德準備了一筆錢。爺爺什麼都沒有說，叫朱德什麼都不要問，馬上離開成都，而躲過一劫。

一九四九年十月，爺爺在報紙上看到中華人民共和國開國大典上的朱德總司令，遂修書一封給朱德。雖然朱德並沒有回復爺爺信函，但是媽媽講，從那時起，直到一九六六年文化大革命前夕，爺爺沒有受到任何衝擊和打擊，一直在家賦閒。爺爺和陳雪倩婆婆的生活費用全部由我媽媽供養，生活起居基本上是姨媽在照顧。其間，曾經有一次我媽媽學校的領導要求我媽媽回家做爺爺的工作，讓地、富、反、壞、右派等五類分子遣返回原籍鄉下去。當時，爺爺年事已高，媽媽怕做工作惹得爺爺生氣，到了爺爺居住處的公安派出所，尋求幫助共同做爺爺的工作。爺爺、婆婆住在成都市東通順街二十八號附三號，三號院子斜對面就是所在公安派出所。媽媽找到派出所領導時，他們讓媽媽安心回學校工作，不要操心這件事了，他們會直接與學校聯繫。後來，學校再沒有過問過此事。但是，有一次媽媽在學習會議上，有同事批評媽媽立場不堅定，沒有動員其父親返鄉。當時學校人事祕書即刻說明：「袁老師的立場是堅定的。」示意不要再提此事。因此媽媽認為，爺爺是受到政府關照的。這是否與朱德有關，我們至今不得而知。去年（二〇一六年）紀念朱德誕辰一百三十週年活動在四川儀隴縣舉行，我因公有幸參加了此項活動，我就坐在朱德的孫子朱和平空軍少將旁邊，幾次想問他這事，又覺得有些冒昧而終未開口。只有待相關檔案解密後，才有可能真相大白。無論是怎麼回事，我想爺爺和我們家人都由衷感謝政府和朱德對爺爺的關心愛護。

爺爺生活趣事

媽媽常講爺爺是一個直心是道場的人，絕不藏著掖著。有一次有客人來拜訪爺爺，可能爺爺不喜歡這個客人，就高聲給來通報的人說：「你告訴他我不在！」其實客人在屋外已經能聽到他的聲音，就這樣拒絕了客人。

生活中常常有些趣事：有一次爺爺上街，換上一雙乾淨的新布鞋，走著走著，爺爺發現鞋上有灰塵了，於是從衣服口袋裡拿出手絹去擦鞋，馬上又用這張手絹擦鼻涕，把媽媽他們笑得不得了。爺爺特別喜歡我媽媽，說媽媽的古文底子很厚。當媽媽還是初中學生時，爺爺給學生們講解佛法佛經時，常常讓我媽媽去朗讀經書，爺爺還要批評他的成年學生「還不如我讀初中的女子」。爺爺一直叫我媽媽為「女子」，這是鹽亭人叫女兒的稱呼。總之，爺爺是一個十分有個性的人。

還有一次，爺爺在臺灣講經說法，來了一個日本和尚，見到爺爺，就跪下伸出右手一個指頭問爺爺：「請問先生這是什麼？」爺爺劈頭蓋臉就給這個日本和尚罵過去：「我日你個媽喲！老子這裡一樣都莫得，東比西畫作麼！」就把這個日本和尚嚇跑了，但是第二天這個日本和尚具備儀禮恭敬頂禮謝恩，長跪請為弟子。

爺爺的書

其實爺爺留下的著述並不多，尤其是在爺爺圓寂後、文化大革命中，爺爺家被紅衛兵抄了家，一切藏書、手稿、日記、文物、字畫以及精美的佛像全部被抄走或砸碎了。直到文化大革命結束，鄧小平施行了改革開放政策後，經多方努力才陸續找到了《維摩精舍叢書》《般若波羅蜜多心經三講》《統說〈莊子・齊物論〉》、詩集《高山佚韻》及「國是主張及憲法意見」。稍有閒暇我試著閱讀一下爺爺的著述，越看才越覺得作為外孫的我十分慚愧，對爺爺來講我就是一個不肖子孫啊，實難望其項背啊！

參加國民大會

「國是主張及憲法意見」是爺爺作為中華民國第一次國民大會代表（簡稱國大代表）時提出的個人意見，其印刷稿是熱心人專門從浙江省圖書館查到的，共二十二頁，包括前言、國是主張和憲法意見等三部分。前言部分重點講了治國的理念；國是主張分別從政治、教育，經濟、軍事、外交等五個方面闡述了他自己的觀點；憲法意見則從憲法總綱、人民之權利義務、國民大會、中央政府、地方制度、教育和憲法之施行及修正共八章，提出了立憲建議。

這次國大是在一九四六年十一月十五日至十二月二十五日期間召開的。爺爺所提主張和建議，用現在的眼光來看，很有超前性。比如教育提倡人格教育，提高本國文化水平，注重科學教育，要與生產機構配合，期收實效；普及國民教育，積極掃除文盲；擴充職業教育，增進人民服務能力；安定教師生活，樹立尊師重道良風；改善留學制度，依法增派留學生；資助貧困青年就學、升學；實現學術研究創作獎勵制度等。外交實行獨立、自主、和平、互惠之方針。經濟上提倡制止通貨膨脹，穩定物價；嚴禁官吏經商，肅清官僚資本；國營事業應力重效率，根絕貪污；民營事業應儘量扶助，資其發展；發展國際貿易，應保障民族工業；改良稅制，根絕苛雜與非法攤派，簡化稽徵手續；財政公開，厲行預決算制度等。從這些觀點和意見看，爺爺是十分開明而先進的，是從國家和人民根本利益著想的，遠不是一個舊軍閥官吏的作派和意識，我內心不禁生起一股敬意。

我讀《維摩精舍叢書》

現在留傳下來的《維摩精舍叢書》，一函共五篇六冊，即〈榴窗隨判〉一冊、〈黃葉閒談〉一冊、〈中庸勝唱〉上下兩冊、〈靈岩語屑〉一冊及〈酬語〉一冊。第二函是爺爺的學生李自申先生、鄧嶽高先生、李更生先生、楊光岱先生、李緒恢先生、楊志堅先生、通永法師及我母親袁淑平等人，根據自己保存和千方百計搜集、回憶整理的爺爺講學記錄和詩、文、聯及偈語，於二〇〇三年彙集而成，包括〈般若波羅蜜多心經三講〉〈統說莊子・齊物論〉、詩集〈高山佚韻〉，還收錄了爺爺的太老師張鳳篪老先生的〈片香集〉和爺爺的老師吳夢齡老先生的〈法鼓〉。馮學成、黃義宣、曾懷普、傅淵希、樊偉、李洪清、劉基蓉、蔣雪超、鄭聲秀、李宜明等等人士為第二函的出版盡心盡力。

對我來說，這些書確實相當生僻艱澀，我不是學文學的，但是因為家庭薰陶以及後來我認真讀了一些南師懷瑾先生的著述，才有一定基礎可以讀讀爺爺的《維摩精舍叢書》。顯然我並不懂佛法，也沒有實證修持，僅憑個人理解和感悟，仍然能感受到爺爺講理說道之深刻，之直接，之大氣，確有直指人心，醍醐灌頂之勢，使人情不自禁地希望深入其中探個究竟。爺爺在書中回答學生們的提問，信手拈來，旁徵博引，橫貫中西，用儒釋道互為印證，使文史哲融為一體，語言文字優美，語氣神態鮮活，躍然紙上，讀其書如睹其人。雖然看得我懵懵懂懂，但是，依然覺得其玄妙精深、似曾相識。後來在成都我接觸到一些爺爺的學生的學生，他們一直在研讀《維摩精舍叢書》，他們說爺爺的大弟子南師懷瑾先生的講學，一直沿襲爺爺的法脈路徑在走，我不懂不敢妄言，但是，我認為正因為爺爺有這麼一位傑出的學生，才有今天爺爺讓人重新再提起的可能，可以說老師因為學生而更知名。這恐怕應該是不爭的事實吧。

南懷瑾先生

南師懷瑾先生回到大陸太湖定居後，我有了更多機會去看望他老人家，隨著與他老人家交往接觸機會的增多，他越來越鼓勵我，主動提出認我作他唯一的乾兒子。我乾爹南師給我寫了一個字條，還希望我能成為維摩精舍之繼起人。我既感到榮幸，又覺得惶恐，怎堪大任。要真正讀懂《維摩精舍叢書》，不下番真功夫、苦功夫是不可能的。既要好好補補古文基礎知識，還要閱讀大量的傳統文化古籍，不僅要請教前輩大德，而且還要親身修證。確實談何容易啊！不過，我理解這個過程本身其實就是一種科學探索，即是探索生命的真諦，探索人身的規律，探索宇宙的奧祕。人類自從有了科學探索以來，對大自然的物質世界研究探索，遠遠多於對人類自身的研究探索；其科學成就也是對大自然物理世界研究成果，遠遠多於對人類自身研究探索的成果。至今人類尚無法科學解釋生命的起源，尚無法圓滿回答宗教家的學說和猜測。人類認識的局限性只有隨著科學的進步以及各方面的共同努力，才有可能逐漸揭開其奧祕。只是在這個過程中，我們應該要有客觀包容的態度，理性地看待各種研究探索，而不必過早武斷地下結論，以免錯過哪怕一絲一毫發現真理的機會。

綜合爺爺形而上和形而下的學術觀點，我以為這是一脈相承的。形而上善的觀念直接決定了形而下公平正義的主張，這是千百年人類社會歷史中，廣大仁人志士不懈努力而為之奮鬥的目標。其實未來人類要把握自己的命運，要構建理想的人類社會，也將是一個不斷奮鬥、不斷探索、不斷完善、不斷進步的過程。這些被古人今人所共同倡導而追求的目標——大同世界，應該能夠凝聚起人類的所有智慧和力量，為理想的實現、真理的大白而共同努力！如果能如此，包括我爺爺在內的一切先賢前輩和仁人志士即可會心一笑了。

二〇一七年六月二十七日

袁煥仙先生編年事輯

編按：作者為四川大學宗教研究所教授。

段玉明

袁煥仙（一八八七～一九六六）先生是當代居士佛教的代表人物，其所倡建的維摩精舍以闡揚宗門、融通三教為其宗旨，門下弟子眾多，「一代宗師」南懷瑾居士即出其門下。然因事蹟恍惚，研究甚為不便，故集斷管殘沉、吉光片羽以成是篇。所知粗疏缺略，不敢名之「年譜」，題為「編年事輯」，聊備學者道友查檢之用。

一八八七年　丁亥　先生一歲

先生姓袁，名煥仙，字世傑，號其章，法名性通，四川鹽亭縣麟瑞鄉龍顧井人。父名品三，母姓譚，並為當地望族之裔。近代著名人物袁詩蕘為其堂叔。

少小聰穎雋逸，幼讀儒書，兼習書畫，長於辭章辯論。

一九〇〇年　庚子　先生十四歲

應童子試，名列前茅，震動當地名紳耆宿。其父恐其恃才傲物，誡之：「勿殘心，勿奸行，勿恣逞以殺生。」

一九一二年　壬子　先生二十六歲

畢業於四川法政學堂。時中華民國初立，局勢紛擾。先生直面亂世，「接納英賢，奮志邊疆」。

一九一六年　丙辰　先生三十歲

任越巂縣（今四川越西縣）知事。

娶仁壽望族王氏德俊四女為妻，名佐，字相君，年方十六，美賢內慧，篤信佛教。

一九一七年　丁巳　先生三十一歲

響應孫中山先生發起的護法運動，與駐防西昌一帶之全川漢軍總司令兼川南鎮守使張煦策劃北伐。

一九一八年　戊午　先生三十二歲

春，護法軍在漢源與擁護北洋政府之陳遐齡部激戰，不勝，張煦陣亡。先生別道馳援被俘，拘於越巂縣署。護法事平，熊克武任四川靖國軍總司令，兼攝四川軍民兩政。先生獲釋，被陳遐齡禮送成都。

任。

熊克武委任其為鹽邊縣知事，相君夫人以孕留居成都，未同赴

一九二〇年　庚申　先生三十四歲

經曠繼勳介紹加入「重慶組織」，蒙文通、范仲純等鹽亭籍學人亦在其中。「重慶組織」是四川早期的共產黨組織，成立於一九二〇年三月，全稱「四川省重慶共產黨」，負責人為吳玉章、張瀾、王佑木與楊闇公。中國共產黨成立後，遵照共產國際的指示，一九二一年八月「重慶組織」宣告解散。

一九二一年　辛酉　先生三十五歲

奔走遊說於川軍各部之間，以消弭混戰、解民倒懸為己任，曾為直、魯、豫十四省巡閱使署及川康綏靖公署高等顧問。

一九二三年　癸亥　先生三十七歲

隨軍駐川東鄰水。春，先母譚太夫人仙逝，相君夫人自成都奔喪，孝感親朋。

一九二六年　丙寅　先生四十歲

北伐事起，楊森為國民革命軍第二十軍軍長，駐防萬縣，以先生為署理夔關監督兼聯軍總司令部軍法處長。相君夫人相隨，性慈好施，不樂殺生，每以仁憫相勸先生。「夔關監督，優署也，先生理之，清守如舊。凡決獄，必窮狀允證，既定獄，猶原情宥三，尤其矜重死刑。」

結識時為楊森部下的朱德，被朱呼為「煥哥」。

一九二七年　丁卯　先生四十一歲

楊闇公、劉伯承、朱德發動的「順瀘起義」失敗，楊森逼走朱德，先生以生絲換得大洋相送。

時政局混亂、寧漢合流，先生厭倦世事，由是棄官退隱、潛心學佛。吳夢齡時任萬縣知縣，佛學師從張元鈺，廣涉華嚴、天臺、淨土諸宗，尤於禪宗別有心得。先生投於門下諮決心要，「雖饔飧不濟而堅毅不懈」。

一九二八年　戊辰　先生四十二歲

袁詩蕘在成都遇害，先生前往祭奠，並同彭健修等將其遺體運回老家祖塋安葬。

一九二九年　己巳　先生四十三歲

出川行腳，遍參國內高僧大德。〈靈岩語屑・雜章〉之〈頌初祖達摩人師像〉〈頌馬大師道一肖像〉〈舟行口號〉〈贈龍華長老性空開堂〉〈椎秦〉〈黃河〉諸詩，即為此次行腳參訪留下的作品。

一九三五年　乙亥　先生四十九歲

二月，於漢口歸元寺參謁湖北禪門高僧秀空老和尚，叩問「如何是除卻心意識參」，秀空老和尚以諾那呼圖克圖就此大笑作答；四月，於蘇州參謁穹窿山道堅老和尚，道堅老和尚教以「切切實實提一個話頭苦參」；五月，於蘇州報國寺皈依印光大師，印光大師教以「只念一句阿彌陀佛，便會萬事了畢」。〈靈岩語屑・雜章〉之〈贈秀空和尚〉即是此次參謁秀空老和尚留下的詩作。

返回成都，人盡言其已至澈悟，唯先生本人學佛更為精勤。

一九三七年　丁丑　先生五十一歲

初住成都上陞街五進豪院，後因經濟支絀，遷東通順街一進小院，並與吳夢齡為鄰，朝夕請教參學。

一九四〇年　庚辰　先生五十四歲

閱宋慈明楚圓禪師「七字謎」公案，生起疑情，遍問叢林老宿不得其解，憤然掩關於成都十方堂，苦參「德山晚參不答話」話頭，「忘餐廢寢，至於嘶瘖」。住持昌圓法師見狀甚憫，為其加持。逾月，形容枯槁，而尤精進不輟。一日，於坐中聞開門聲，豁然大悟，自此桶底脫落、機辯無滯。

一九四二年　壬午　先生五十六歲

春夏，於灌縣（今四川都江堰市）靈岩寺閉關三月。其間，老友師竹君不顧七十三歲高齡，於寺張筵集友百余人，搬演了魯智深被天涯客點化之川劇〈醉後之光〉。此劇後為先生口述於弟子，筆錄收入〈靈岩語屑〉之中。

出關後，主持靈岩寺禪七法會，震動西川禪林，「尊宿賢俊以函候，或訪或參者，實繁有徒；而親味醍醐，深沐法乳者，莫不欣欣然自幸也」。傅真吾、曾子玉、李子方、釋傳西、南懷瑾、郭正平、王子騫、申介平、甘典夔、陳耀魚、袁淑平、曹仁剛、果州道士、周迅予、馬白眉、朱叔癡、楊光岱等並在會中。

為靈岩寺正殿撰書：

溉數萬頃良田　在山泉水清
出山泉水清　好個比鄰秦大守
採千七則藤葛　不說話亦墮
欲說話亦墮　拈與胡僧阿者多

十一月，虛雲禪師應國民政府主席林森之請至重慶建息災法會，先生獨攜得意弟子南懷瑾前往。至重慶，與虛雲禪師過從五日。臨別，虛雲禪師親書一偈相贈先生：

大道無難亦無易　由來難易不相干
等閒坐斷千差路　魔佛難將正眼觀

同時又贈吳夢齡一偈一像，以及回覆蓉中諸賢信函數封，託先生一併帶回。翌日，虛雲禪師啟程返回曲江南華寺，先生則攜弟子南懷瑾取道潼南、遂甯返回成都。〈靈岩語屑・雜章〉之〈玉溪口舟行經紅岩嘴夜抵潼南口號〉〈別潼南諸子〉〈遂甯別諸子〉諸詩，即是此次途徑潼南、遂甯之時留下的作品。

其間，至萬縣鐘鼓樓參謁禪宗名僧能緣法師，早年在萬縣時或曾有過接觸。

一九四三年　癸未　先生五十七歲

夏秋，與省內名士潼南傅真吾、大竹蕭靜軒、巴縣朱叔癡、榮縣但懋辛、山西賈題韜等在成都提督東街三義廟成立維摩精舍，「以昌明佛法，整飭戒行，發揚大乘救世精神，促進中國固有文化為宗旨」，申請登記。

九月，於維摩精舍主持禪七法會。會畢開講佛法，「一時軍政首要、學者士子、家婦販夫先後來集，問道求法」。先生不辭風狂雨晦、隆凍驕陽，日必蒞臨，隨緣啟眾，並解私囊煮茶以待。

一九四四年　甲申　先生五十八歲

四月，應大通上人之請，與傅真吾至峨眉山大坪寺主持禪七法會，並為大坪寺撰書：

此地是普賢道場　來天末雁　開嶺外雲
數遍塵塵剎剎　都無非晴空一亙
何處覓秀頭和尚　飲趙州茶　讀慈明榜
歷盡山山水水　依然是秋月半輪

會畢，於龍門洞釋演觀處盤桓數日，再由釋通超、釋普書、釋普明、廖兀虬居士送至嘉州，稽留三日，返回成都。〈高山佚韻〉之〈峨眉山大坪七會給通永〉〈和峨眉山報國寺果玲能登韻〉等詩即當作於此時。

五月，王恩洋至峨眉山大坪寺訪南懷瑾，暢談佛法。釋演觀筆錄〈通禪與王恩洋〉，收入《維摩精舍叢書》第二函中。

秋冬，《維摩精舍叢書》出版，由成都茹古書局按古版刻印。

十月，應伍心言、曾佐廷、雷雨三等請於內江城東壩街講堂講說《心經》。

一九四五年　乙酉　先生五十九歲

主持鹽亭禪七法會，弟子楊光岱隨行，李自申得其入處，終身向佛不輟。

一九四六年　丙戌　先生六十歲

以國大代表身分前往南京，〈高山佚韻〉之〈渝州道中〉〈漢皋聞夜砧〉等詩即當作於此行途中。國民黨要員陳誠、周宗岳、陳立夫、陳其采等相與問法，執弟子之禮。先生作〈我之國是〉一文，呼籲全國「團結以禦外侮，安息以厚民生」。

於南京分設維摩精舍。陳遐齡來函索請《維摩精舍叢書》。

一九四七年　丁亥　先生六十一歲

應請赴臺灣講法，取道浙江，〈高山佚韻〉之〈謁西湖岳王廟〉〈過富春〉〈浣溪沙〉〈無題〉諸詩即當作於此行途中。於臺灣分設維摩精舍。臺灣與日籍信眾懇其留台傳法，先生未許。〈高山佚韻〉之〈臺灣高雄〉即當作於此次臺灣之行。

返回成都，講法於維摩精舍。

秋，回鹽亭參選國大代表，於紫岩寺分設維摩精舍，並於縣參議會禮堂開講《維摩詰經》。落選之後，應請前往潼南小住。〈高山佚韻〉之〈鹽亭落選別金廉溪諸子於南郊渡口〉〈潼南玉溪偕內晚眺〉二詩即當作於此時。

一九四八年　戊子　先生六十二歲

春，返回成都。

五月，於維摩精舍講授《莊子・齊物論》，筆錄僅存第一部分〈統說莊子〉，收入《維摩精舍叢書》第二函中。

蔣介石聘其為戡亂建國委員會委員，先生不受。

往來於內江、重慶、潼南、鹽亭、中江等地講法。

一九四九年　己醜　先生六十三歲

因局勢不穩與內部分歧，維摩精舍逐漸停止活動。先生家居休養，有登門問法者不拒如常。

一九五〇年　庚寅　先生六十四歲

成都和平解放。先生賦閒家中，由女袁淑平供養。

一九五七年　丁酉　先生七十一歲

一月，成都市佛教協會在文殊院成立，推選聖欽為名譽會長，慈青為會長，寬霖、劉亞休、牛次封為副會長，寬霖兼祕書長，慈青、寬霖、宗鏡、圓照、廣隆、能潛（女）、劉亞休、牛次封、張淨侯為常務理事。先生不在其中。

一九六二年　壬寅　先生七十六歲

十月，成都市佛教協會第二屆代表會議召開，推選慈青為名譽會長，永光為會長，寬霖為副會長，福田、心全為正副祕書長，永光、寬霖、福田、心全、能真、光性、仁勳、永建、能潛（女）為常務理事。先生不在其中。

一九六六年　丙午　先生八十歲

五月中旬，文革初起。二十五日，先生示疾而終。

先生著述，除《維摩精舍叢書》第一函外，由弟子李自申組織編輯的《維摩精舍叢書》第二函二〇〇三年由四川省佛教協會刻印流通，收入〈袁煥仙先生事蹟〉〈維摩精舍簡介〉〈片香集〉〈法鼓〉〈心經三講〉〈通禪與王恩洋〉〈東方學術界之函討〉〈統說莊子〉〈高山佚韻〉九種。此外，先生本有日記數百冊並詩文詞章若干，均在文革中散佚。

先生一生弟子無數，以其主持力行，維摩精舍遂得成為中國近代居士佛教的一面旗幟，與歐陽竟無之支那內學院並享盛名。

主要參考文獻：

❶《維摩精舍叢書》第一函，呼和浩特：內蒙古人民出版社，一九九七年。
❷《維摩精舍叢書》第二函，成都：四川省佛教協會刻印流通，二〇〇三年。
❸馮學成等：《巴蜀禪燈錄》，成都：成都出版社，一九九二年。
❹袁煥仙：〈相君夫人傳〉，收入《袁煥仙著述集》，北京：東方出版社，二〇一四年。
❺袁淑平：〈袁煥仙先生事蹟〉，收入《袁煥仙著述集》，北京：東方出版社，二〇一四年。
❻于凌波：〈袁煥仙居士小傳〉，收入《袁煥仙著述集》，北京：東方出版社，二〇一四年。
❼鄧嶽高：〈維摩精舍簡介〉，收入《袁煥仙著述集》，北京：東方出版社，二〇一四年。
❽蜀道居士：〈成都維摩精舍籌辦檔案的發現與疑情〉，收入《袁煥仙著述集》，北京：東方出版社，二〇一四年。

❾沈弋然：《一代禪宗大師袁煥仙》，中國世界圖書出版社，二〇一二年。

❿陳兵：《維摩精舍與居士佛教》，載《人海燈》一九九九年第一期。

⓫羅三藐：〈一代宗師袁煥仙與維摩精舍〉，載《西部廣播電視》二〇〇九年第七期。

⓬王國平：〈袁煥仙、南懷瑾在靈岩山〉，載《西部廣播電視》二〇一〇年第七期。

⓭周鐘：〈蜀中大德袁煥仙的中西文化觀——基於《維摩精舍叢書》之〈中庸勝唱〉的考量〉，載《綿陽師範學院學報》二〇一二年第十二期。

⓮劉泰焰：〈袁煥仙與維摩精舍〉，載《黃河之聲》二〇一四年二十期。

⓯余世存：〈袁煥仙二三事〉，載《英才》二〇一五年第八期。

⓰史幼波：〈袁煥仙：蜀中禪門的大居士〉，載《成都日報》二〇一一年七月一日。

⓱吳華：〈維摩精舍：以佛為主融通三教〉，載《佛學研究》二〇一五年期（總第二十四期）。

⓲吳華：《民國成都佛教研究（一九二一～一九四九）》，北京：宗教文化出

版社，二〇一六年。

⓳〈鹽亭「西山坪事件」之謎源流文化通史大事記〉，「麻辣社區」網，二〇一四年十一月二十八日，http://www.mala.cn/thread-11487279-1-1.html。

⓴〈袁思堯犧牲前後源流編年大事記〉，「強國論壇」網，二〇一五年三月六日，http://bbs1.people.com.cn/post/8/1/2/146007781.html。

附：「維摩精舍先師袁公煥仙之靈塔」照片

維摩
精舍
先師袁公煥仙之靈塔

先師煥公示眾警句
業識奔如許 家山到幾時
漫言精進我 羞對天人師
五蘊明明幻 諸緣要處癡
藏珍誰可擬 之子欲何之
弟子遍禪妙一書
己丑冬日
時年九十二

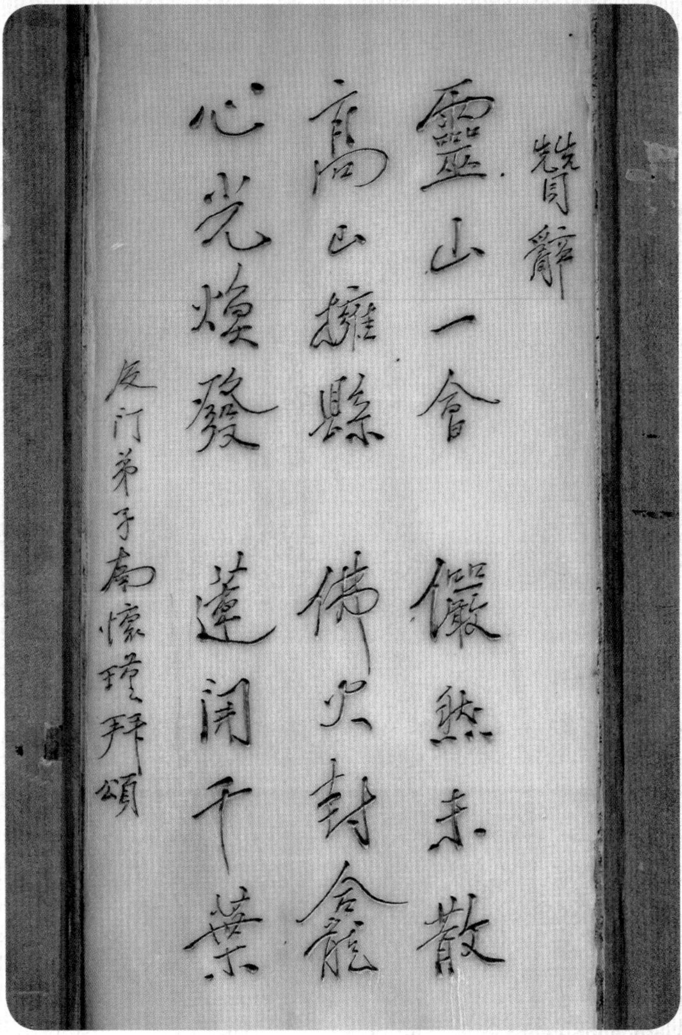
贊辭
靈山一會 儼然未散
高正擁縣 佛只封龕
心光煥發 蓮開千葉
皈門弟子 南懷瑾拜頌

締建者 成都文殊院方丈 宗性大和尚
廻護者 鹽亭鳳靈寺住持 正祥法師
建築師 台灣高雄 登琨艷監作

孝女淑平率子張毅曾外孫沛之
敬造
及門弟子浙江樂清南懷瑾
歲次己丑冬月公元二〇〇九年立

懷師之師 袁公煥仙先生誕辰百卅週年紀念

建議售價・150元

編 著 者・劉雨虹 編輯
出版發行・南懷瑾文化事業有限公司
網址：www.nhjce.com
董 事 長・南國熙
總 經 理・饒清政
總 編 輯・劉雨虹
編　　輯・古國治　釋宏忍　彭　敬　牟　煉
記　　錄・張振熔
校　　對・王愛華　歐陽哲
代理經銷・白象文化事業有限公司
台中市402南區美村路二段392號
經銷、購書專線：04-22652939　傳真：04-22651171
印　　刷・基盛印刷工場
版　　次・2017年9月初版一刷

設計編印
白象文化
www.ElephantWhite.com.tw
press.store@msa.hinet.net
總監：張輝潭　專案主編：吳適意

國家圖書館出版品預行編目資料

懷師之師：袁公煥仙先生誕辰百卅週年紀念／劉雨虹編輯. -- 初版.—臺北市：南懷瑾文化，2017.09
面：　公分.
ISBN 978-986-94058-9-8（平裝）
1.佛教修持 2.文集
225.8707　　106013848